SHODENSHA
SHINSHO

ツッコミ術

最強のコミュニケーション

村瀬 健

祥伝社新書

はじめに

いきなりですが、あなたに質問です。あなたの会社の社長が次のようにボケてきたら、あなたはどうツッコミを入れますか？

社長「最近のノートパソコンはどんどん薄《うす》くなっていくね」
あなた「そうですね」
社長「まるで、俺の髪の毛みたいだわ」

いかがでしょうか。おそらく、なんと返せばいいかわからず、ほとんどの人が言葉に詰まってしまうでしょう。この時、気心《きごころ》の知れた上司であれば、「本当ですね！」と正直に言えるかもしれません。ですが、相手は会社のトップ。肯定するわけにはいかず、とはいえ「そんなことないですよ！」と否定するのも、社長の髪の毛が実際に極薄《ごくうす》だった場合には無理が出てきます。

急に別の話題を持ち出してごまかす方法もあるでしょうが、これは社長がボケているわけです。ほったらかしにすると「せっかくボケたのに、無視された」と思われて印象が悪いですし、ボケに対して「うまいことおっしゃいますね!」と褒《ほ》めてしまえば、社長の髪の毛が薄いことを認めたことになってしまうのです。

そこで、次のツッコミを入れてみます。

「じゃ、最新ですね!」

このツッコミは、社長の髪の毛が薄いことを認めています。ただし、悪くは言っていません。「最新のノートパソコン(=高スペックで優《すぐ》れている)」というニュアンスがあることから、社長の耳には悪く届かないでしょう。おそらく、社長は、「うまいこと言うね、君!」と感心するはずです。

もうひとつ、例を挙《あ》げます。

上司　「こないだおまえにお願いしたA案、やっぱりB案に変更するわ」
あなた「ちょっと待ってくださいよ、部長。もうA案で仕事進めていますよ！」
上司　「やっぱり気が変わった。今すぐB案に変更しろ」

あなたの会社にも、意見をころころと変えてくる上司がいるはずです。まさに、朝令《ちょうれい》暮改《ぼかい》。さんざん振り回されたあなたは我慢《がまん》できません。上司の発言にツッコミを入れることにしましたが、相手は目上の人です。「いいかげんにしてくださいよ！　すこしは振り回されるこっちの身にもなってくださいよ！」とストレートにツッコんでしまえば、その後の人間関係に支障を来《きた》すでしょう。

そこで、このケースでは次のツッコミを入れてみます。

「そんなにころころ変えないでくださいよ！　部長だって、奥さんの出産予定日がころころ変わったら、対応に困るでしょ！」

ツッコミにユーモアを入れると、角《かど》が立ちません。上司が噴《ふ》き出す可能性もあり、その後の人間関係にも、しこりが残りにくいのです。これは、対上司《たい》だけではなく、対部下でも同様です。

最近の若者は、頭ごなしに注意すると、怒られたことを引きずる人が多いようです。そこで、意見や態度がころころ変わる部下がいた場合、「そんなにころころ変えるなよ！君だって奥さんの出産予定日がころころ変わったら、対応に困るだろ！」とツッコめば、怒っている感じが緩和《かんわ》されます。妙に納得して、態度を改めるかもしれません。若い部下とのコミュニケーションに悩んでいるなら、ツッコミの技術を磨《みが》くべきなのです。

でも、いいツッコミをするには、才能がいるんでしょ？

いえ、ツッコミに才能は不要です。努力と経験で上達可能な「スキル」なのです。

放送作家であり、漫才作家でもある私は、お笑いの世界で一五年近く働いてきました。芸能プロダクションやお笑いの専門学校などで、漫才師をのべ二〇〇〇組以上指導してきましたが、伸び悩むボケ担当とは対照的に、ぐんぐん力をつけるツッコミ担当を星の数ほど見てきました。

ツッコミの能力は、努力すればするほど、場数《ばかず》を踏めば踏むほど身についていく、後天的なものなのです。ダウンタウンの松本人志《まつもとひとし》さんも、次のように述べています。


「ボケというのは持って生まれたもので、才能がないとできないものだ。ところが、ツッコミは生まれつきという性質のものではない。ツッコミは努力すればなんとかなる。逆にいえば、最初からツッコミの上手い奴はいない。ツッコミは鍛錬なのだ」

――島田紳助《しまだしんすけ》・松本人志著『哲学』

お笑いでのボケとは、常識とかけ離れたおかしな発言をすることです。そして、ウケるには創造力が必要とされます。対してツッコミは、そのおかしな部分を指摘して説明する役割です。たとえば、ラーメンを食べながら「おいしいわー、このうどん」とボケる人に、「それラーメンだよ!」と指摘するのは、それほど難しいことではありません。

ツッコミを入れるのは、相手が意図《いと》的にボケた時に限りません。天然ボケの同僚、ミスを連発してくる上司、無茶な要求をしてくる取引先……これらは、すべてツッコミどころです。遅刻した部下に単に注意するのではなく、「遅いんだよ。おまえはメロスを意識してんのか！」とツッコんでウケれば、その後の人間関係が決定的に変わってくるのです。

もちろん、ビジネスシーンだけではなく、恋愛や家族関係などプライベートでも、ツッコミのスキルは使えます。その活用場面は幅広く、ツッコミこそ最強のコミュニケーション術なのです。

本書は、お笑い全般ではなく、ツッコミ一本に絞《しぼ》り、広く深く追究するものです。ツッコむ際のテクニックはもちろん、基本的な作法から鍛《きた》え方まで、プロの芸人が実際に放った多種多様なツッコミを例に出しながら、ていねいに解説していきます。

あなたもぜひ、ツッコミそしてコミュニケーションの達人になってください。

二〇一五年一月

村瀬《むらせ》　健《たけし》

目次

第二章

徹底分析！ ツッコミ

第三章

「ツッコミ脳」になると……

第四章

ツッコミには「型《かた》」がある

第五章

最強のツッコミ・たとえツッコミの作り方

第六章

プロのツッコミ、アマチュアのツッコミ

第七章

ツッコミ練習問題

第八章

ツッコミ達人と、その奥義《おうぎ》

編集協力　糸井　浩
図表作成　篠　宏行

第一章

ツッコミを取り入れよう

ツッコミ芸人が社交的な理由

「ツッコミ芸人と言えば？」と質問されて、どの芸人さんを思い浮かべるでしょうか？　ダウンタウンの浜田雅功《はまだまさとし》さん、爆笑問題の田中裕二《たなかゆうじ》さん、ナインティナインの矢部浩之《やべひろゆき》さん、くりぃむしちゅーの上田晋也《うえだしんや》さん、フットボールアワーの後藤輝基《ごとうてるもと》さん……いずれもツッコミの名手ですが、彼らに共通していることがひとつあります。

それは、「ボケと比べて、社交的」ということ。ツッコミにはコミュニケーション能力の高い人が多く、ネタを創るのはボケ、芸能界で人脈を築いていくのはツッコミと、役割を分担しているコンビが多いのです。もちろん、ツッコミの人がもともとコミュ力が高いこともあるのでしょうが、芸人になってから身につけたツッコミという技術そのものに、人を寄せつける理由が隠されています。

そして、ツッコミには大きく分けて、六つのメリットがあります。

メリット1　ボケ＝軽薄に対して、まじめに映《うつ》る

緊迫した会議の最中に、本筋《ほんすじ》から逸《そ》れて、わざと緩《ゆる》い話をする人がいます。昨晩のプロ

野球の話題を振ったり、今日食べたランチの話をするなど、場《ば》を和《なご》ませようとしているのでしょう。

私事《しじ》で恐縮ですが、こんな話があります。

その昔、とあるテレビ番組の打ち合わせが、侃々諤々《かんかんがくがく》の討論になりました。同席したAさんは場を和ませようとプゥとオナラをし、隣に座《すわ》ったBさんが「○○さん、空気読んでくださいよ」とツッコんだところ、先方《せんぽう》は大爆笑。オナラでボケたAさんも、ツッコんだBさんもウケたわけですが、Aさんはその後、仕事があまりもらえずにこの業界を去り、Bさんは今も第一線で活躍しています。

日本人は、保守的でまじめな人が多いです。私は、AさんBさん共に同等の能力を持っていると判断していたのですが、ツッコミ気質のBさんがまじめに映るいっぽうで、ところかまわずボケてくるAさんは軽薄に映ってしまうのです。

陽気でボケまくる人は、社内に味方が多い反面、出世ルートからはずれている人が多いのではないでしょうか。ビジネスで評価されるのは、ボケではなくツッコミのほうなのです。

また、ビジネスの世界で成功している元芸人の方でも、芸人時代はツッコミを担当していた人が多いようです。雨上がり決死隊の宮迫博之《みやさこひろゆき》さんの元相方《あいかた》・蛍藤憲二《えとうけんじ》さんは引退後、年商三〇〇億円規模のグループ企業の経営者になりました。国会議員にまで上り詰めた西川《にしかわ》きよしさんも、やすしきよし時代はツッコミの名手でした。

「人志松本のすべらない話」などでおなじみの千原《ちはら》ジュニアさんはボケの達人ですが、インタビューで次のように話していました。

「おかげさまでたくさんの番組に出させていただいてますが、出る番組によって、使う脳の筋肉がそれぞれ違うんです。情報番組に出た時と、クイズ番組に出た時と、すべらない話や大喜利《おおぎり》の番組に出た時とでは、使う筋肉も考え方も全然違います」

これは、「ボケる側に回るか、ツッコむ側に回るか」ということです。

天才的なボケを連発するジュニアさんといえども、まじめなドキュメンタリー番組に出た時は、あまりボケません。VTRに出てきた人にツッコんだり、他の出演者のまちがった発言に茶々《ちやちや》を入れるにとどめるなど、ツッコミが主体です。軽薄さを出して番組のトーンを壊《こわ》してしまわないよう、キャラクターを使い分けているのです。

メリット2　頭がよいと思われる

「はじめに」でも軽く触れましたが、ツッコミを入れるのは、相手が意図的にボケた時だけではありません。ビジネスにおけるおかしな部分はすべてツッコミどころで、正確にツッコミを入れられると、理知的に見えます。

上司　「――というわけで、私からは以上だ」
あなた「部長。失礼ですが、ご提案いただいたセールスプロモーションについて、いくつか質問があるのですが」
上司　「なんだね」
あなた「まず、予算ですが、この規模の案件に、すこし予算をつぎ込みすぎじゃないでしょうか。この費用は、次に予定している案件に回すべきかと」↑ツッコミ上司「ま、言われてみればそうかもしれないな」
あなた「次に、デザインですが、この派手な配色だと、こちらがイメージしている年配の購買層には訴求力が弱いような気がします」←ツッコミ
上司「確かに……」

ツッコミはおかしな部分を指摘するわけですから、結果として、相手を言いくるめてしまう時があります。やりすぎると角が立つのですが、相手に失礼のない範囲で機能させれば、頭のよさをアピールすることができます。
その証拠に、二十代女性へのアンケート調査でも、次のような結果が出ています。

Q．異性でこの人頭いいなと思うことを教えてください（複数回答）
1位 話の引き出しが多い（49・9％）
2位 答えにくい質問への切り返しの速さ（40・0％）
3位 ツッコミが鋭《するど》い（39・6％）

4位　理解が早い（38・3％）
5位　アイデアが豊富（37・8％）
——マイナビニュース

二十代男性の場合も、「ツッコミが鋭い」は4位に入っていました。いいツッコミができればスマートに見えて、異性にもモテるわけです。

メリット3　聞き上手《じょうず》と思われる

ビジネスの現場では、商談に入る前に軽く雑談をするのが通例でしょう。そして、会話の合間《あいま》に正確なツッコミを入れられれば、話をきちんと聞いていると思われます。

取引先「しかし、今日は暑いですね」
あなた「そうですね」
取引先「汗をかきすぎて、シャツがびしょびしょですよ」
あなた「失礼ですが、○○さんって汗かきなんですか？」←**ツッコミ**

取引先「ええ。ものすごい汗かきだから、夏はいつもハンカチを三枚持っています」
あなた「三枚もですか⁉」↑ツッコミ
取引先「そうなんですよ」
あなた「それは大変ですね。でも汗をかいたら、仕事終わりのビールがおいしいでしょ？」
取引先「それが私、お酒がまったく飲めないんです」
あなた「意外ですね。お強そうなのに！」↑ツッコミ

この時、通り一遍《いっぺん》に「そうですね」「大変ですね」と返していると、話を適当に聞いていると思われがちです。合《あ》いの手として適度にツッコミを入れることで、相手から「この人は、他人の話をきちんと聞ける人だ」と受け取られ、好印象を持たれます。さらには聞き上手と思われ、会話も弾《はず》みやすくなるでしょう。

ちなみに、相手が本当に伝えたいと思っている部分に、強めにツッコむのがポイントです。さきほどの会話例で言うと、「三枚もですか⁉」がそれです。

取引先の方は、自分が汗かきであることを強調したくて、ハンカチのくだりを話しています。相手の表情や声のトーンを意識していると、強調したい部分がどこかが感じ取れます。そこを見抜き、強めにツッコめば、真剣に話を聞いていることをアピールできるでしょう。

このことは特に、上司が自慢話を始めた時に効力を発揮します。上司の顔つきや声のトーンを観察しながら、次のように、ツッコミにメリハリをつけてください。

上司　「おまえ、もっとがんばれよ。俺がおまえぐらいの歳《とし》の時なんて、自主的に休日出勤してたんだぞ」

あなた「すごすぎますよ、部長は」↑ツッコミ

上司　「しかも休日なのに、朝九時に出勤して、夜十一時ぐらいまで働いてたからな」

あなた「十一時までですか⁉」↑強めにツッコミ

上司　「ああ。毎回、終電で帰ってたよ」

あなた「私にはとてもマネできませんよ」↑ツッコミ

上司　「しかも、家に帰らずに朝まで酒飲んで、そのまま出勤ってこともあったからな」

あなた「家に帰ってないんですか⁉　バケモンですよ、部長は！」↑**強めにツッコミ**

このように、話をきちんと聞いていると思われるのはもちろん、相手の自尊心もくすぐれます。「また部長の武勇伝が始まったよ……」と、嫌《いや》がってはいけません。うまくツッコめば、上司に気に入られる、またとないチャンスとなるのです。

メリット4　会話相手に喜ばれる

仕事の現場でも、誰かがダジャレを中心にボケてくることはよくあるでしょう。この時、ツッコミを入れてあげれば、ボケた相手は喜びます。ツッコミにおかしな部分を指摘されて、自分がよりおもしろく見えるからです。

逆に、ツッコミを入れずに無視してしまうと、印象は最悪です。意図的におかしいことを口にした相手からすれば、ツッコミがないと、おかしいままの状態です。こんな恥ずかしいことはなく、もし二回連続でスルーすると、「もう、こいつの前ではボケない」と煙《けむ》たがられてしまうでしょう。

「爆笑レッドカーペット」「開運！なんでも鑑定団」などの司会でおなじみの今田耕司《いまだこうじ》さん。今田さんが司会の番組は、「損する出演者がひとりもいない」と言われています。

今田さんは、どんな小さなボケでも見逃《みのが》さずにツッコみます。たとえ、相手が素人《しろうと》出演者でも同様です。仮にボケがスベっても「今のは正直、イエローカードです！」など、言い回しがおもしろいツッコミを入れることで、スベった人を輝かせます。ウケようがウケまいが、今田さんがきちんと処理してくれる。ボケるほうからしたら安心で、出演者はみな満足して帰るのです。

今田さんはそのことについて、インタビューでこう話しています。

「少なくとも、本人はおもしろいと思ってしゃべってるんです。ということは、どっかおもしろいんでしょう。一〇〇人おったら、一〇〇通りおもしろいツボがありますから。それを共感できたほうがうれしいし、楽しいじゃないですか。『それおもしろくない』って言ってしまったらおしまいだけど、僕は『俺もそれ、わかった！』って感じたいですからね」

意図的なボケにツッコむことで、損することは何ひとつありません。老若男女《ろうにゃくなんにょ》の心をつかめる人は、どんな時でもツッコめる人なのです。あなたの職場にいる、ダジャレ好きの上司。「親父ギャグだ」などと揶揄《やゆ》するのではなく、今田さんのようにきちんとツッコミを入れてあげたら、確実にその上司に愛されます。

ですが、上司のダジャレは、いつ飛んでくるかわかりません。身構えていれば、ツッコミや愛想《あいそ》笑いのひとつも浮かべられるものの、突然来ると、次のような事態に陥《おちい》ってしまうことがあります。

あなた「部長、このコピーのサイズは、A4でよろしいでしょうか？」
上司　「ああ。A4でえええよん」
あなた「……」

　このように沈黙してしまったら、今さら愛想笑いをするわけにはいきません。間《ま》が悪すぎますからね。そこで、このようなケースでは、今田さんの言葉を借りて、次のようなツッコミを入れてください。

「部長すいません、失礼を承知で言いますが、今のは正直、イエローカードですわ！」

　気が利《き》いたツッコミですから、上司が機嫌《きげん》を損《そこ》ねる可能性は低いでしょう。「イエローカードか。ま、レッドカードじゃないだけましか」と返されたら、「うまいことおっしゃいますね！」とフォローしておけば盤石《ばんじゃく》です。

メリット5　笑いが取れる

「なんでカロリーの高い企画ばっかり呼ぶんですか！」

　これは、とあるバラエティ番組における、フットボールアワーの後藤さんの発言です。体力を使う企画に再《ふたた》び挑戦するよう、命じられた後藤さん。普通なら、「なんで体を張った企画ばっかり呼ぶんですか！」と返すところを、この発言をして爆笑を取りました。

ご存じの方も多いでしょうが、これはいわゆる「たとえツッコミ」です。体力がいるということを食べものにあてはめ、別の言葉に言い換えたわけです。

勘違いしている人が多いようですが、笑わせる手法は、ボケだけではありません。後藤さんのようにツッコミで笑わせることも十分に可能で、さきほどご紹介した今田さんもそうです。

他にも、「踊る!さんま御殿!!」の明石家《あかしや》さんまさん、「ダウンタウンDX《デラックス》」のダウンタウン・松本さん、「アメトーーク!」の雨上がり決死隊・宮迫さん――ボケの達人である彼らも、これらの番組に出ている時は、実は主にツッコミで笑いを取っています。現代は、ツッコミで笑いを取る時代なのです。

ボケるという行為は、照れくさいものです。意図的におかしな発言をするわけですから、シャイな人にとってはハードルが高いかもしれません。

その点、ツッコミで笑いを取るのは恥ずかしくありません。「アメトーーク!」「ロンドンハーツ」などのバラエティ番組でおなじみの狩野英孝《かのえいこう》さんは、天然ボケで有名です。彼がおかしな発言をすると、周囲の芸人が寄ってたかってツッコミを入れ、狩野さん以上に笑いを取っています。視聴者には、ボケである狩野さんよりも、狩野さんをうまく料理するツッコミのほうがおもしろく見えているのです。

ボケるのが恥ずかしいと言う人は、他人の注目を集めるのが恥ずかしいわけです。さきほどの例だと、注目が集まるのはボケである狩野さんのほうなので、ツッコミで笑いを取るのはそれほど恥ずかしいものではありません。ボケ役としてではなく、ツッコミというスタイルのなかからボケを放つことで、気恥ずかしさが劇的に緩和されるのです。

それを証拠に、職場でボケるのが照れくさいと言う人でも、天然ボケを連発する社員に「おまえ、朝から酒飲んでない？」などとツッコミを入れるのは、それほど恥ずかしくないはずです。

加えて、ツッコミのなかから笑いを取ろうとすると、仮にウケなかったとしても、スベっている感じがしにくいです。

たとえば、あなたが営業マンで、上司がややこしい取引先ばかりを振ってきたとします。〝無茶ぶり〟をしている上司はおかしなことを言っているわけですから、この場合、上司がボケになります。そして繰《く》り返《かえ》しになりますが、人々の注目が集まるのはおかしな発言をしたボケのほうです。

ですから、フットボールアワー・後藤さんの言葉を借りれば、「なんでカロリーの高い現場ばっかりやらせるんですか！」となりますが、周囲の注目は上司のほうに集まっているため、仮にスベってもさらっと流してもらえるのです。

「ヤフー」を「ヤホー」と言いまちがえる漫才でおなじみのコンビ、ナイツ。ボケ役の塙宣之《はなわのぶゆき》さんの言いまちがいに、相方の土屋伸之《つちやのぶゆき》さんが小気味《こきみ》よくツッコミを入れていくのですが、土屋さんはたまに、次のようにツッコミで笑いを取ろうとします。

塙　「子どもの頃は、家でアニメとか観《み》ていましてね」
土屋「僕もそういうタイプでしたね」
塙　「それいけアンポンタンが好きでね」
土屋「アンパンマンね。怒られますよ、全国の子どもから」
塙　「好きだったのは、タバタさんという女の子ね」
土屋「バタコさんだよ。普通のパートのおばさんみたいじゃねぇか」

塙　「一番好きなのは、（格闘家の）ジェロム・レ・バンナちゃんっていうのでね」
土屋「たぶん、メロンパンナちゃんだと思うんですけどね。リアルに一番強そうなのがいるじゃねぇか」

冷静に見ると、土屋さんはかなりおもしろいツッコミをしているのですが、これらのツッコミはほとんどウケていません。お客さんの意識がボケ役の塙さんのほうに向いてしまっているためです。その反面、土屋さんがスベっている感じはまったくしません。さらっと流してもらえるのです。

ボケるのが恥ずかしい人は、ツッコミのほうで笑いを取りましょう。口にするのが恥ずかしくないですし、スベってもスベっている感じがしにくいのです。ウケるツッコミの作り方は、第五章で詳しくご説明します。

メリット6　場《ば》の主導権を握れる

本章の冒頭で、ツッコミ芸人として、次の方々をご紹介しました。ダウンタウンの浜田さん、爆笑問題の田中さん、ナインティナインの矢部さん、くりぃむしちゅーの上田さん、フットボールアワーの後藤さん。彼らには「ボケと比べて社交的」という共通点がある、とご説明しましたが、もうひとつ共通していることがあります。

それは、バラエティ番組の司会を担当していること。実は、人気司会者の多くがツッコミ担当の芸人です。さきほどご紹介した今田耕司さんも、デビュー当時はコンビを結成しており、やはりツッコミ担当でした。

テレビ番組における司会者は、進行役として、その場を取り仕切る役目です。バラエティ番組の多くは出演者のトークで構成され、それぞれの役割を担《にな》う各出演者は、次の三つのパートに分けることができます。

○トークをする人
○トークを聞いている人
○トークに意見をする人

「トークをする人」は、おもしろい話をします。これがお笑いで言うところのボケですが、彼らは番組を仕切ることはできません。司会者である「トークに意見をする人」が、「で、どうなったの?」「本当に?」と質問したり、「なんでだよ!」とツッコんだりして、話を転《ころ》がしていきます。番組を仕切り、進行するために必要な能力はツッコミにほかならず、だからこそ、ツッコミ芸人が司会者として重宝《ちょうほう》されるのです。

これは、ビジネスや日常の会話でも同じです。社内会議、取引先との打ち合わせ、商談、複数で話す日常会話、合コン……これらすべて、「トークをする人」「トークを聞いている人」「トークに意見をする人」の三パートに分けられます。

仕事の現場では、責任者もしくは役職が高い人が最初に話し始めるのが通例でしょう。しかし、ツッコミを意図的に取り入れれば、途中からその場を仕切るのはあなたです。「で、予算はいくら出せるんですか?」「それはおかしいでしょ!」などと、ツッコミである「トークに意見をする人」が、必然的にその場の中心にいることが多くなるのです。

ツッコミで場の主導権を握れば、その場が自分にとって嫌な流れになった時でも、さりげなく話題を変えられます。自分が中心にいることで、「○○さんはどう思われますか?」

と、他の人に質問を振ることもできるのです。このように、ツッコミを会話のベースに取り入れることで、その場を思い通りにコントロールできます。

さらに、しっかりした人物に見えることから、リーダー的存在に思われやすくなります。

「トークをする人」は、ボケ的なきっちりとした中身のある話をしなければなりません。対して、「トークに意見をする人」は、相手の発言を受けてのもの。意見をするだけですから、発言のクオリティよりも「着眼点」がものを言います。鋭いツッコミを入れることで、周囲の目にはしっかり者として映るのです。

会議や商談の席などで、自分から話を切り出すのが苦手という人は、ツッコミを中心に発言されてはどうでしょう。

第二章

徹底分析！　ツッコミ

ツッコミの本質は「違和感」を指摘すること

問題　ナイフを持ったバルタン星人が、従業員を人質にして銀行に立てこもった。

このボケの意味を、あなたは理解できるでしょうか？　すこし時間を差し上げます。ゆっくりと考えてみてください。ちなみに、このバルタン星人とは「ウルトラマン」に出てくる宇宙人です。

いかがでしょうか。では、正解をお教えします。

正解は、バルタン星人は手がもともとハサミだからナイフはいらない。ご存じとは思いますが、バルタン星人の手はハサミ状になっており、ナイフは必要ないのです。言われてみればなんともありませんが、正解者はかなり少ないのが実情です。

私はアマチュアの方にお笑いを教える時、冒頭でこの問題を出します。正答率は、お笑いスクールに通う芸人志望者で四割ぐらい。一般の方（三十代、四十代）だと、三人にひとりも答えられません。いっぽう、プロの芸人は、全員が瞬時にその意味を理解します。

おかしな言動を取る役目がボケで、それを指摘するのがツッコミである、とご説明してきました。この「おかしな部分」は、「違和感」と言い換えることもできます。違和感を指摘するのがツッコミの役目です。

さきほどの例だと、手のハサミが武器になっているバルタン星人がナイフを持っているのは、違和感があります。そこに、「手がすでに武器なんだから、ナイフ持っても意味ねぇだろ！」とツッコむわけです。

この時、「非常識な部分はどこか」を意識すると、違和感を見つけやすいです。

お笑いの世界では、「ボケは非常識人、ツッコミは常識人」と言われています。あなたの会社に、パジャマのまま出勤してきた人がいたら、非常識です。これがボケに該当《がいとう》し、ツッコミは常識人の立場から「何考えてるんだよ、おまえ！」と、その非常識さを正《ただ》します。この非常識な部分が違和感になるわけです。

もうひとつ、問題を出しましょう。

問題　醤《しょう》ゆ

この言葉が、ボケになっていることにお気づきでしょうか。

「醤」という漢字は、読み書き共に難しい部類に入ります。対して、「油」という漢字は難しくありません（小学三年生で習います）。この問題は、難しくて平仮名《ひらがな》にすべき文字が漢字に、漢字にすべき文字が平仮名になっているというボケ。「平仮名にするほうが逆だよ！」とツッコむわけです。

　そもそも、両文字とも漢字にして「醤油」、もしくは難しいほうを平仮名にして「しょう油」と表記するのが常識です。その常識を知っていれば、そうではない非常識さをすぐに違和感として感じ取れます。ツッコミの本質とは、この違和感を見抜くことなのです。

　仕事の現場やプライベートでも、常識ではないこと（＝非常識）がたくさんあります。その違輪感に気づくかどうか。これがツッコミの肝《きも》で、瞬時に気づくことができれば、指適するスピードが速くなり、ツッコミのキレが増します。

　ちなみに、前の段落の文章のなかに、非常識な部分が二カ所あったことにお気づきでしょうか。私は、あえて誤字をしました。「違輪感」ではなく「違和感」、「指適」ではなく「指摘」です。漫然と過ごしていては、違和感には気づけません。

「拾う」ことを意識する

ツッコミを入れるのは、誰かが意図的にボケた時だけではない、と繰り返し述べてきました。会社にいる天然ボケの社員は、意図的にボケているわけではありません。意図しないボケにも反応しなければならず、これをお笑い用語で「拾う」と言います。

バラエティ番組では、天然ボケの狩野英孝さんがおかしな発言をすると、共演者はわれ先にとばかりにツッコミを入れます。彼らがあれだけ的確にすばやくツッコめるのは、狩野さんのおかしな部分を全部拾おうと、身構えているからなのです。

違和感を探して、拾っていく。この姿勢が大事で、拾える数が多いほど、ツッコミとしては優秀です。もう一例挙げます。

問題　神社で見かけた次の絵馬に、入れられるだけツッコミを入れてください。

「夫婦円満！　商売繁盛《はんじょう》！　恋愛成就《じょうじゅ》！　眼病《がんびょう》治癒《ちゆ》！　合格祈願！

二〇一四年十二月三〇日　山田倫太郎より」

まず、「いくつお願いしてるんだよ！」があります。常識的に考えて、一枚の絵馬に五つもお願いするのは非常識です。一番わかりやすい違和感でしょう。

次に、「夫婦円満を願ってるのに、恋愛成就とはなんだよ！」があります。結婚しているわけですから、恋愛成就をお願いするのはおかしいでしょう。「不倫してるのかよ！」となりますし、同じ見方で、「商売繁盛を願ってるのに、合格祈願とはなんだよ！　社会人なのか学生なのかはっきりしろよ！」とツッコめます。

ここまでは、一般の方でもツッコめるでしょう。しかし、拾える人は、さらに次のようにツッコんできます。

「年末にお願いしてるけど、どうせだったら年が明けてからお願いしろよ！　あと二日待ったらもう正月なんだからよ！」

「そもそも『山田倫太郎』とか言ってるけど、こんな無茶苦茶なお願いしといて、どこが倫理観《りんりかん》あるんだよ、こいつ！」

「眼病治癒とか言ってるけど、そもそもおまえは自分のことが見えてねぇぞ！　こんな無茶なお願いしてるんだから、目を治《なお》す前に自分をもう一度見つめ直せ！」

「山田倫太郎『より』って、なんでおまえそんな馴《な》れ馴《な》れしいんだよ！　相手は神様だぞ！　伝言残すみたいなノリで、神様に無茶苦茶なお願いしてんじゃねぇよ！」

仕事においても、拾える数が多いほど、仕事の質が上がります。書類ひとつとっても、内容、誤字脱字、図形やグラフの見せ方……拾うことを意識していれば、違和感がたくさん見つかるでしょう。上司に提出する前にたくさんツッコんで修正しておけば、より完成度の高いものを提出できるわけです。

ツッコミの対象は「発言」「行動」「見た目」「物」「環境」

ツッコむ対象は、人だけではありません。真夏の暑い時期に入った飲食店で、クーラーが入っていなければ、それは違和感（＝非常識）です。「なんでクーラー入ってねぇんだよ、ここ」とツッコめますし、「なんでクーラー入ってねぇんだよ。雪男が来たら即死だぞ、ここ」と、たとえツッコミにもできるわけです。

ツッコミを入れる対象は、「発言」「行動」「見た目」「物」「環境」の五つに大別されます。ご紹介した飲食店であれば、クーラーに対してだけではなく、次のようなことにもツツコめます。

【発言】　従業員「三名様です！」
　　　　　あなた「四名ですけど！」

【行動】　従業員「お水、置いときますね、あっ！」
　　　　　あなた「こぼすなよ、おい！」

【見た目】同僚　「ハンバーグ定食、ご飯大盛りで」
　　　　　あなた「おまえ、大盛りにしたらまた太るぞ！　見ろよ、その体格を！　ゾンビでも三日かかるぞ、おまえを食うの！」

【物】　　あなた「このハンバーグ、メニューの写真と全然違うじゃねぇか！」

【環境】　あなた「なんでクーラー入ってねぇんだよ、ここ！」

ボケが意図的か意図的でないかを問わず、相手が従業員か同僚なのかも問いません。常識ではない違和感さえあれば、この世のあらゆる発言、行動、見た目、物、環境がツッコミどころになるのです。

このことを逆手《さかて》に取って、積極的にツッコんでいくこともできます。たとえば、お世話になっている取引先を訪ねる時は、次のようなツッコミを入れてみます。

【発言】　取引先「お待たせしてしまって、申し訳ございません！」
あなた「全然待っていませんよ！　どうかお気遣《きづか》いなく！」

【行動】　あなた「失礼ですけど、エレベーターのボタンは五階ではなく、六階ではございませんか？」
取引先「あ、失礼しました！」

あなた「全然お気になさらず。五階は食堂みたいですから、なんだったら、そこで食事してから行きたいぐらいですよ！」

【見た目】あなた「ここって、お綺麗《きれい》な方が多いですね！」

【物】取引先「よろしければ、お召《め》し上《あ》がりください」
あなた「お高そうな和菓子ですね！　うちの会社なんてこんなの出せませんよ！」

【環境】あなた「しかし、広いフロアですね！　野球できますよ、ここ！」

この時にも大切なのが、「拾う」という姿勢です。「違和感はすべて拾っていこう」と意識しておかなければ、例のようなおべんちゃら（ツッコミ）は、なかなか言えるものではありません。やりすぎると軽薄さが出てしまうものの、適度に拾って口にしていけば、人間関係のいい潤滑油《じゅんかつゆ》になるでしょう。

ツッコミは事前のコミュニケーションがすべて

ツッコミには、攻撃性があります。相手のおかしな部分を指摘するわけですから、場合によっては不快感を与えてしまいます。

「失礼ですけど、ズボンのチャックが開いてますよ」

親切心から言ったこのツッコミも、相手が初対面の人であれば、ムッとされるかもしれません。口では「ありがとうございます」とお礼を述べるものの、内心では「いきなり何を言うんだ、この人は」と怒っているかもしれないのです。

特に、ボケたらツッコむという漫才文化のある関西と違って、関東にはツッコまれることに慣れていない人が多いようです。人によって、扱いに注意が必要なのです。

ツッコミは、事前のコミュニケーションがすべてです。

前述のように、芸人たちが狩野英孝さんにあれほど激しいツッコミを入れられるのは、ツッコんでも許してもらえる人間関係ができているからです。ダウンタウンの浜田さんが、番組ゲストの頭を叩《たた》くのも同様です。目上の人の頭を叩くこともあるわけですから、浜田さんといえども、誰彼かまわず叩いているわけではありません。人を選び、番組内でコミュニケーションを取りながら、「この人だったら叩いても許してもらえるかな」と探っているのです。

上司と部下の関係も同じでしょう。上司のミスにツッコめるのも、普段のコミュニケーションがあるからです。いい人間関係が築けているからこそ、まちがいをツッコミで正せるわけで、転勤してきた初対面の上司に同じテンションでミスを指摘すれば、確実に嫌な顔をされます。

きちんとコミュニケーションを取ったあとならば、たとえ初対面であっても、チャックが開いていることを指摘しやすいです。それなりの人間関係があることで、ムッとされる可能性も低くなるでしょう。

ただし、人間は日によって性格が違うものです。普段はいい人間関係だったとしても、相手の機嫌が悪い日にいつものようにツッコむと、気を悪くされるかもしれません。優秀なテレビ司会者は、そのへんを心得ています。目上の人がゲストで来た場合、気心の知れた人であっても、収録前に楽屋に挨拶《あいさつ》に行き、その日の機嫌をうかがいます。本番でどこまでツッコむべきか、事前にある程度、算段しておくのです。

特にトーク番組では、収録前に「なんでも聞いてよ!」と言う人でも、本番でツッコまれまくってムスッとすることが多々《たた》あります。司会者は事前にゲストの機嫌を推《お》し量《はか》ると同時に、本番でツッコみながらも、相手の心の変化を見抜いて対応を変えているのです。

仕事の現場でも、こういった柔軟性が必要です。話しかけてみて、返ってくる言葉にいつもより棘《とげ》があったら、その日はツッコまないほうが無難でしょう。

ツッコミに欠かせないもの

「欧米か!」のツッコミで人気になったコンビ、タカアンドトシ。ツッコミ担当のトシさんが、雑誌のインタビューで次のように話していました。

「僕は、ツッコミ芸人に一番必要なのは優しさだと思うんです。誰がボケてきても、きちんと返してあげる優しさがないとやれない仕事です」

お笑いの世界では、「ツッコミとは愛情である」とよく言われます。ツッコむという行為は「ボケをほったらかしにしない」ということです。トシさんが言うように、本来、優しさや気配りがないと成立しないものなのです。

いい人間関係があったとしても、ツッコむほうに愛情がなければ、角が立ちます。意識してほしいのが、軽く笑《え》みを浮かべながらツッコむ、ということです。

一流の芸人は、そのことを心得ています。明石家さんまさん、今田耕司さん、ダウンタウンの浜田さん。三人とも、ツッコむ際には笑みを浮かべていることがほとんどです。どれだけ強いツッコミでも、この笑みがあるおかげで、毒気《どくけ》が緩和されます。「あなたのことが嫌いでツッコんでるわけじゃないんですよ」と相手に伝えることができるのです。

ツッコミの毒の消し方は、特にくりぃむしちゅーの上田さんが巧《たく》みです。笑みを浮かべながらツッコむのはもちろん、それでも言葉が強いと感じた場合は、ツッコんだあとに「あはははは！」と声に出して笑います。笑い声を追加することで、ツッコミの攻撃性を消しにかかるのです。

「しゃべくり007《セブン》」「おしゃれイズム」などのトーク番組には、大御所《おおごしょ》のタレントがゲストで登場することがあります。失礼がないように、上田さんはこのテクニックを多用しています。一〇も二〇も年下の人間にツッコまれても、ゲストが嫌な顔をしないのは、上田さんのツッコミが巧みだからです。

あなたも上司のミスを指摘する場合は、まず軽く笑みを浮かべながらツッコんでください。ツッコミが強すぎて上司が不機嫌になった場合は、ツッコんだあとに「お願いしますよ部長ー！」と、微笑《ほほえ》みながらツッコミを追加します。上田さんのように、ツッコミを二段構えにして、リスクヘッジしましょう。

人間関係が壊《こわ》れない話し方

バラエティ番組の影響か、ツッコミはすべて声を張るものだと思っている人が多いようです。実際、アマチュアの方にお笑いを指導していると、どんなボケに対しても、「なんでだよ！」「おかしいだろ、それ！」などと大きな声を出します。

バラエティ番組では、誰かがボケたらツッコむということを、出演者が全員了承しています。あくまで、テレビ用として大声を出しているわけです。漫才における会話も、すべて予定調和でなされています。ボケに対してツッコむ「芸」であることが聞き手に理解されているので、ツッコミ役が大声を出したり本気で怒ったりしても問題ありません。

しかし、ビジネストークや日常会話は別です。なんでもかんでも漫才のようにツッコんでしまうと、攻撃性が強すぎる場合があります。

もちろん、「笑わせよう！」という明確な意志のあるボケには、強くツッコんでも問題ありませんが、天然ボケや仕事上のミスなどに対して、「なんでだよ！」「おかしいだろ、それ！」などと大声でツッコんでいては、人間関係に支障を来《きた》します。相手はわざとボケたわけではないのですから。

いい人間関係があったとしても、ツッコミの強度や言い回しが悪ければ、ムッとされることがあります。そうならないために、ツッコむ際には、言葉の最後に絵文字がつくような言い回しを意識してください。

ツイッターやフェイスブックなど、ＳＮＳを通じて言葉のやり取りをしている人は多いと思います。相手のつぶやきに対してコメントしたり、ツッコミを入れたりするわけですが、「なんでだよｗ」「なんでだよ（笑）」など、あたりが強すぎないように配慮しているはずです。特に、メールがそうです。言葉の最後に絵文字をつけることで、言い回しがソフトに見えます。

このような、文字のやり取りで行なっている気遣いを、会話のツッコミにも持ち込むのです。

たとえば、上司が「今週末は三連休か」と言ったとして、三連休は翌週だったとします。上司が意図的にまちがった、要するにボケたのであれば、「三連休は来週ですよ、部長！」と、声を張ってツッコんでも問題ありません。しかし、普通にまちがっていた場合に、同様にツッコめば、上司は恥をかかされたと思うかもしれません。

そこで、このケースでは次のツッコミを入れてみます。

「部長。失礼ですけど、三連休は来週じゃなかったでしたっけ?」

このツッコミは、まちがいを指摘しているのではなく、正解を「提案」しています。言葉の最後に絵文字がつくような言い回しとは、こういうツッコミです。

特に年配の上司は、言いまちがいや覚えまちがいが多いです。その都度「それは○○ですよ！」と、漫才のような強いツッコミを入れていたら、印象はよくありません。軽く笑みを浮かべながら、この提案型のツッコミをすれば、「あ、そうだったか」と、上司の機嫌を損《そこ》ねることはないでしょう。

人間性ではなく、行為にツッコむ

若い世代とのコミュニケーションに、悩んでいる人は多いのではないでしょうか。私も職業柄、十代や二十代の人と仕事をする機会が多いのですが、最近の若者は打たれ弱い人が多いことを実感しています。

ツッコむという行為は指摘することである、と繰り返し述べてきました。まちがっている部分を指摘するわけですから、怒るという行為もツッコミにほかなりません。ビジネスにおけるコーチングも、ツッコミの技術が必要になってくるのです。

たとえば、部下が提出した書類に、不備があったとします。部下を呼びつけて注意するわけですが、次のようなツッコミをする人がいます。

「もっとしっかりしろよ！　だから、おまえはダメなんだよ！」

このツッコミは、書類に不備があったことにではなく、部下の人間性にツッコんでいます。怒られたほうが引きずってしまうのは、怒る側が行為ではなく、人間性にツッコんだ場合が多いです。悪口に近いことから、「自分のすべてを否定された……」と受け取ってしまうのです。

　私も短気なため、つい言葉が荒くなって、相手の人間性を否定してしまう時があります。そんな時は、怒ったあとに「言っておくけど、俺はおまえのことが嫌いで怒ってるんじゃないからな。おまえのした行為がダメやから、怒ってるんやからな」と、言葉を追加します。ツッコミを二段構えにすることで、人間性ではなく行為のほうを否定したのだと、怒りのベクトルを明確にしています。

　ツッコミを二段構えにすると、怒ったあとにフォローがしやすいです。さきほどの書類に不備があったケースだと、部下の行為のほうにツッコんだあとに、次のようなユーモアのあるツッコミもできます。

「頼むよ、おまえ！　さては、昨日の酒が抜けてねぇだろ？」

　最後に微笑みながらこうツッコむと、部下は救われます。言葉の最後に絵文字がつくような優しいツッコミですから、怒られたことを引きずらないでしょう。これ見よがしなフォローの言葉より、ツッコミにユーモアを含ませるほうが効果は大きいのです。

もちろん、ミスが連続していたり、明らかに人間性に問題があったりする場合は、こんな悠長《ゆうちょう》なツッコミは入れていられません。しかし、ビジネスは基本的にチームで行なう以上、人間関係にしこりが残るのはよくない。大きな結果を得るために自我《じが》を捨て去るのも、コーチングにおけるひとつの考え方だと思います。

軽く笑みを浮かべ、言葉の最後に絵文字がつくような言い回しを意識し、人間性ではなく行為にツッコむ――この三つを意識すると、部下の恥を救ってあげることもできます。

たとえば、部下が道で躓《つまず》いた時。「しっかりしろよ、おまえ！」と人間性にツッコむのではなく、次のように行為のほうにツッコんでください。

「頼むよ、おまえ！　っていうか、なんでこんな平坦《へいたん》な道で躓くの？　躓きようあるかな、こんなところで？」

軽く笑みを浮かべながらこのツッコミを入れると、笑いに変わります。周囲の人も笑うでしょうから、恥ずかしかった部下も、このツッコミがあるおかげで、ばつが悪くありません。

ツッコミというのは、見せ方ひとつで人を救うこともできるのです。

ツッコミは見て、観《み》て、診《み》る

ツッコミとは違和感を見抜くこと、とご説明しました。非常識さ（＝ボケ）に、常識人の立場から違和感を抱き、指摘するのがツッコミの役目。何が常識で何が非常識なのか、どこが常識でどこが非常識なのか、誰が常識で誰が非常識なのか、これらを正確に、かつ瞬時に見抜くために求められる能力は、平たく言えば、論理力です。

対象を漫然と見ているだけでは、いいツッコミはできません。ツッコミは見て、観て、診るのです。

まず、見ることで情報を「感知」し、観ることでその情報を「精査」し、診ることでどう対応するか「判断」する。感知→精査→判断。プロの芸人をはじめ、ツッコミがうまい人は、この三つを並行して捉《とら》える論理力に優れているのです。

なんの論理力も駆使《くし》せず、部下のミスを「見て」いるだけなら、結果だけで判断して単にどやしつけるだけでしょう。「観る」ことで、部下に同情の余地が出てくるかもしれません。さらに「診る」ことで、情状酌量《じょうじょうしゃくりょう》の余地があるなら、同じ怒るのでも言い回しがソフトになるかもしれません。これが見て、観て、診るということです。

私も本書を書きながら、文章を見て、観て、診ています。「こう書いたら、読者の人にこうツッコまれるだろうな」と、常に違和感を意識しながら執筆しています。もし、どこかでツッコまれるとしたら、私の論理力が足りていないということなのです。

私の持論ですが、ツッコミがうまい人は、荷造りが上手です。旅行に行く際の荷造りを思い出してみてください。前の晩にカバンを開き、「これはいるだろ!」「これは現地で買えばいいだろ!」「これがあれば便利だろ!」などとツッコみながら、用意する荷物を思案しているはずです。

これは、見て、観て、診ているわけで、感知→精査→判断の三段階を踏んでいます。ツッコミがうまい人は、旅行カバンやリュックサックがすっきりとしている人が多いです。かつ、かさばる衣類に圧縮袋を使用したり、リュックに無駄なくフックが取り付けられていたりと、唸《うな》るような工夫もされています。論理力に優れているからこそ、これらができるわけで、要するに、ツッコミで違和感を見つけるのがうまいのです。

「ツッコミ脳」とは？

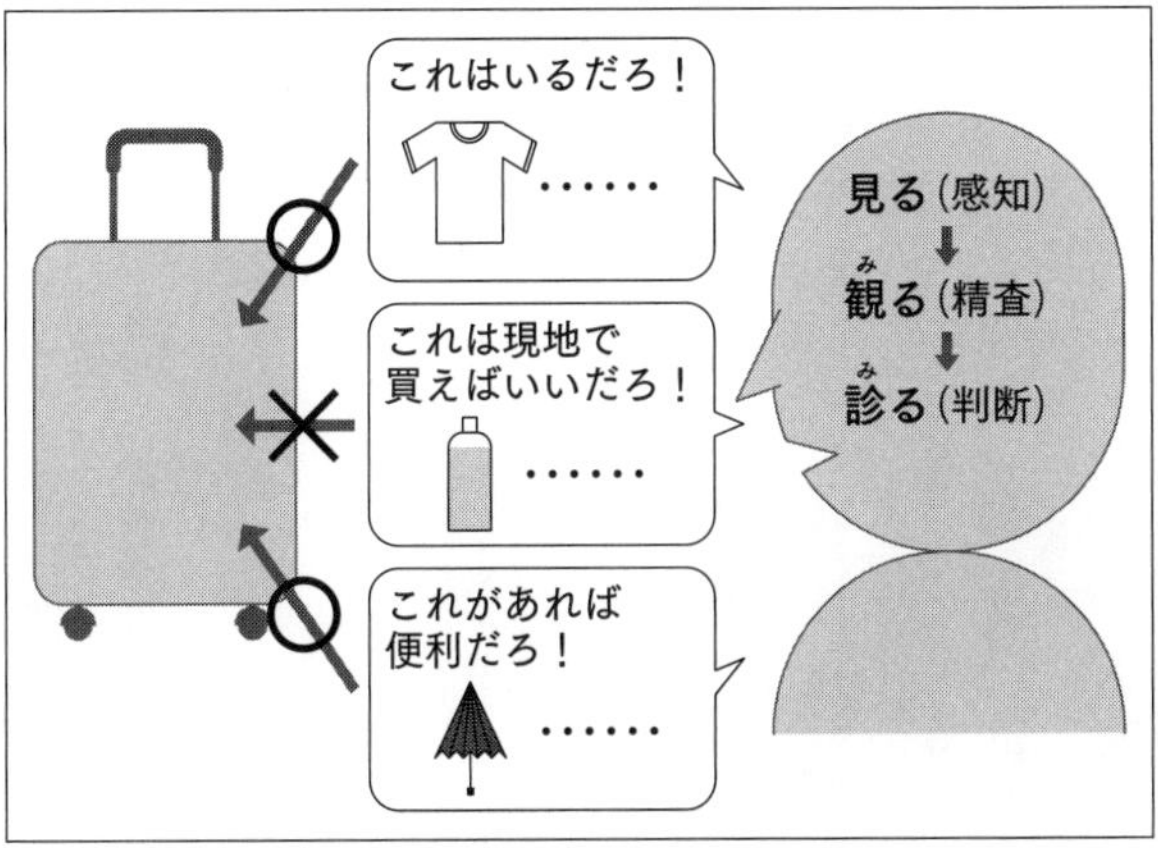

ツッコミに向いている人は、論理力のある常識人です。論理力も常識も、すべて後天的に身につけることができます。ですから、ツッコミには才能がいらないわけです。

見て（＝感知）、
観て（＝精査）、
診る（＝判断）。

この三点を常に念頭に置くことで、脳が「ツッコミ脳」になっていきます。ツッコミ脳になることで、マイナスになることは何ひとつありません。むしろ、次章でご説明するような能力が身についていきます。

第三章

「ツッコミ脳」になると……

他人と違う着眼点が身につく

あるバラエティ番組で、千原ジュニアさんが次のようなことを言っていました。

「『月とすっぽん』ということわざがあるじゃないですか。でも、すっぽんって、けっこう高級食材ですよね？　同じように丸いってところから来てるらしいんですけど、だったら『月とマンホール』でもいいんじゃないんですか」

「月とすっぽん」ということわざは、ふたつのものの違いが大きすぎて比較にならない、という意味です。ジュニアさんは、すっぽんは高級なのでたとえとしておかしい、とツッコんだわけです。すばらしい着眼点で、他の出演者も唸っていました。

着眼点というのは、他人とは違う着眼点だからこそ、評価されるわけです。それは難しく思われるかもしれませんが、ツッコミ脳になって、対象を見て、観て、診ることを習慣にすれば、次第に他人とは違う着眼点を持てるようになります。

たとえば、「石の上にも三年」ということわざ。「どんなに苦しいことでも、じっと辛抱《しんぼう》すれば報《むく》われる」という意味ですが、この言葉の非常識な部分を見抜くのは難しくありません。そうです、「無理だ」ということです。

「石の上に三年もいるのは無理だよ！」

このツッコミなら、誰でも入れられます。ですが、着眼点としては甘いでしょう。誰でも思いつくので、普通の人が思いつかないような非常識な部分を探すために、見て、観て、診てください。ツッコミ脳になって、じっくりと考えてみてください。

いかがでしょう。客観的、かつ俯瞰《ふかん》的に熟慮すれば、次のようにツッコめるはずです。

「餓死《がし》するよ！」

「トイレはどうするんだよ！」

他人とは違う着眼点とは、こういうツッコミです。漫然と言葉を見ているだけでは、このツッコミはまず出てきません。ツッコミ脳になるからこそ、なのです。

あなたが契約社員なら、次のようなツッコミもできます。

「いいことを言っているようだけど、俺は契約社員だから、そもそも三年いられるかどうか怪《あや》しいよ！」

これらの感覚を維持しながら、「月とすっぽん」ということわざをもう一度見てください。「ふたつのものの違いが大きすぎて比較にならない」という意味を咀嚼《そしゃく》しながら、見て、観て、診てください。どうでしょう。ジュニアさんと同じ着眼点が持てるような気がしませんか？

優秀なツッコミ芸人は、独特の切り口でツッコんできます。プロにしかできないと思われる切り口も、ツッコミ脳になりさえすれば、対象物の非常識さを見抜くのはそれほど難しいことではありません。

ツッコミ脳になれば、ビジネスマンとしても重宝されます。会議、新商品、社内ルール。それらの常識ではない部分（＝非常識）に、人とは違う着眼点からツッコミを入れることができれば、それは斬新《ざんしん》な改善点になるのです。

先日、私の行きつけのデパ地下にあるケーキ屋さんがリニューアルしました。その際、「一個からでもぜひ、お買い求めください！」と貼り紙がしてありました。

あたりまえですが、一個だけ買うのはダメ、なんてルールはありません。複数買うお客さんが多いことで、一個だけしか買わないお客さんが買いにくくなっていました。その非常識さに、店員の誰かがツッコんだわけです。見て、観て、診ることを習慣にすれば、こういう発想ができるようになります。

空気を読めるようになる

空気を読むとは、多数派の心理を知ることです。テレビ番組では、場《ば》の空気が読めないと致命的《ちめいてき》です。全員がひとつの話題で盛り上がっているのに急に話題を変えたり、誰かが真剣な話をしている時に茶々を入れてきたり。こういった出演者は、次の収録にはまず呼ばれません。

ツッコミ脳になると、場の空気を正確に読めるようになります。見て、観て、診ることで、何が常識で、何が非常識なのかを見抜きます。多数派の心理＝常識ですから、この能力はそのまま、仕事の現場でも使えるのです。

多数の参加者が集《つど》う社内会議などでは、意見が分かれることなどざらでしょう。A案にするかB案にするか、企画部はどう考えていて営業部はどう考えているか、誰が誰の意見に従って誰が誰の意見に反発しているか、これらを総合的に見て、空気の流れを把握《はあく》しながら自分の立ち位置を決めるわけです。

　空気を正確に読めると、鋭いツッコミを繰り出すこともできます。

「ダウンタウンのガキの使いやあらへんで!!」には、「サイレント図書館」という人気企画があります。騒《さわ》いではいけない図書館という設定のなか、出演者がそれぞれカードを引きます。☠が描かれたカードを引いたひとりが罰ゲームをやらされるのですが、脚本家の三《み》谷《たに》幸《こう》喜《き》さんがゲストで出演した際、ゲームが始まるやいなや、二回連続で三谷さんが☠のカードを引いたのです。

　視聴者からすれば、「番組を盛り上げるために、三谷さんが引くように細工をしているのでは?」と疑ってしまいます。ダウンタウンの松本さんはその空気を察知し、小声で「マジやで、これ。マジやからな」とツッコみました。このツッコミがあったおかげで、視聴者は番組の演出ではないことを知って、笑いを増幅させたのです。

　松本さんは、多数派の心理を言葉で直接代弁しました。これを仕事の現場で応用してみましょう。会議で上司が無茶な要求をしてきた時は、次のような言い回しでツッコミを入れてみるのです。

「おそらく、ここにいるみんなが思っていることでしょうから、私が代表して言いますけど――」

単に反発するのではなく、空気を読んで多数派の心理を汲《く》み取り、そのことを直接言葉にしてしまうのです。こういったエクスキューズを挟《はさ》んでツッコミを入れると、頼もしく思えます。「兄貴肌」と称される上司や先輩は、こういった言い回しがうまいです。自分の見せ方が非常に上手なのです。

このように、空気を読むことは大事です。しかし、多数派の意見に従うだけでは、偉《えら》くはなれないでしょう。横並びの姿勢を重視する風土はどの企業にもあるでしょうが、上司の顔色をうかがっているだけでは、いい仕事はできません。少数派の意見に回ることもまた正解で、ここで注意しなければならないのは、「空気を読んだうえで、あえて少数派に回る」ことです。

たとえば、社内会議で自分だけが周《まわ》りと意見が違う場合、次のエクスキューズを挟んでツッコミを入れてください。

「もしかすると、私だけが思っていることかもしれませんが……」

「空気を読まない」のと「空気を読んだうえで、あえて読まない」のとは全然違います。前者は多数派の心理を無視してやみくもに反論するだけですから、軋轢《あつれき》を生みやすいでしょう。

対して後者は、「もしかすると、私だけが思っていることかもしれませんが……」とエクスキューズを挟むことで、「みなさんの気持ちは理解しています」と周囲に伝えています。そのうえでの反論なので、敵意が緩和されます。バランス感覚もアピールできますし、重みのある言葉として周囲の耳に届くでしょう。

会話が途切《とぎ》れなくなる

ツッコミをコミュニケーションに取り入れることで、話をきちんと聞いていると思われる、と第一章でご説明しました（23ページ）。その技術は、ツッコミ脳になることでますます研磨《けんま》されます。見て、観て、診ているわけですから、相手の話をじっくりと聞く姿勢が身につくのです。

他人と話している時に「相手の発言に、常識ではない部分（=違和感）はないか」を念頭に置いて話を進めると、会話が途切れにくくなります。

　仕事を終えたあと、仕事で関わった初対面の人と、帰る方向が同じことがよくあります。たいして話すこともないのに、駅までふたりっきりで歩かなければなりません。話題に困って、居心地《いごこち》の悪い沈黙が訪れた経験は、誰にでもあるでしょう。

　こんな時でも、相手の発言の違和感に要所要所でツッコミを入れていけば、会話がどんどん転がっていきます。

あなた「さきほどは、打ち合わせをありがとうございました」
相手「いえいえ、こちらこそありがとうございました」
あなた「……ところで、○○さんって、このへんはよく来られるんですか？」
相手「仕事の時だけですね。一度だけ、家族でこの近くの百貨店に買いものに来たことはございますが」
あなた「あの百貨店は、なんでもそろっているからいいですよね」
相手「ええ。確か、スイーツの食べ放題に行ったのかな」

あなた「あ、甘いもの、お好きなんですか？」↑ツッコミ
相手「いや、私はそうでもないのですが、子どもが好きでね」
あなた「お子さんですか。確かに、子どもはお菓子とかケーキが大好きですからね」
相手「そうなんですよ。私はむしろ苦手だったりするんですが、上の子も、まんなかの子も下の子も、全員甘いものに目がないんですよ」
あなた「お子さん、三人もいらっしゃるんですか？」↑ツッコミ
相手「手がかかって大変ですよ」
あなた「そうですか。私は子どもはまだなので、なんだか楽しそうで羨《うらや》ましいですよ」
相手「かわいいですけど、大変ですよ。なにしろ、三人とも女の子ですからね」
あなた「三人とも女の子なんですか⁉」↑ツッコミ

ツッコミ目線で敏感に拾っていくことで、相手がいろいろと話してくれます。特に自分から話すのが苦手だという人は、ツッコミを基軸に会話を展開するといいでしょう。聞き上手とも思われます。

トーク番組の司会者も、基本的にはさきほどの会話例のように、話を進めていきます。ゲストに質問を投げかけて情報を引き出し、違和感にツッコミを入れながら話を広げていく。時折《ときおり》自分の情報や意見も交えながら、また同じように相手の情報にツッコミを入れていく。これで、長時間引っ張るわけです。

この時ポイントになるのが、ツッコミが別の話題を始める「起点」にもなることです。さきほどの会話例では、甘いものの話をしたあとで、家族の話に移行しています。そのきっかけとなったのは、「お子さん、三人もいらっしゃるんですか？」というツッコミ。違和感を意識していれば、ツッコミで話題を変えることもできるのです。

甘いものの話を広げたければ、このツッコミは後回《あとまわ》しにもできます。甘いものの話で盛り上がったあとで、「ところでお子さん、三人もいらっしゃるんですか？」とツッコみ直せばいいわけです。「ところで、話が急に変わりますが……」とエクスキューズを挟んで話題を変えるよりも、違和感にツッコんだほうがスマートに会話を展開できます。

これらを繰り返していると、途中で相手のほうからもいろいろと質問してくるようになります。会話のなかで、出身地や趣味など、おたがいの共通項が見つかれば、話が盛り上がります。ツッコミ脳になれば、沈黙も怖《こわ》くありません。

上司や部下のミスを正《ただ》せる

上司とふたりで取引先に出向くケースは、よくあるでしょう。上司がしっかりしている人であればいいものの、そうとは限りません。何かとミスの多い人であれば、きちんとフォローしてあげなければなりません。こんな時でも、ツッコミが使えます。ツッコミ脳になって違和感を意識すれば、次のようにフォローできます。

上司「こちらが御社《おんしゃ》にご提案したい、保険の見積もりプランでございます」
取引先「……うーん。ご提案いただいたこのプランだと、すこし予算がオーバーしてしまいますね」
上司「なるほど。でしたら、B案のほうはいかがでしょうか。B案ならご予算のほうはお安く――」
あなた「課長。失礼ですが、安いのはA案のほうではないでしょうか？」←ツッコミ上司「あ、A案のほうか。失礼いたしました、安いのはA案のほうです。しかも、A案は今すぐに申し込んでいただければ、さらにお安く——」
あなた「課長、そのオプションはC案です！」↑ツッコミ

上司の言葉を漫然と聞き、悠長に構えていたら、ミスを見逃してしまうかもしれません。なにより、すばやくツッコめません。仕事の現場では、すぐに指摘して訂正しなければならないことがたくさんあり、だからこそツッコミ脳になるべきなのです。

ツッコめるのは、言いまちがいだけではありません。言い忘れを指摘したり、自分から補足説明したりすることもできます。

上司「というわけで、私どもからのご提案は以上です」
あなた「課長、○○プランのご説明がまだではないでしょうか？」↑言い忘れを指摘
上司「あ、忘れていた。この○○プランはですね——（中略）という、大変優れたものになっております。いかがでしょうか？」

取引先「なるほど。うーん、どうしようかな」
あなた「ちなみに、こちらのプランは年内にお申し込みいただければ、さらにお安くさせていただきます」↑補足説明

これは、部下や若い社員と出向く時も同じです。特に新入社員ともなると、ミスすることを前提に考える必要があるでしょう。ツッコミ脳を全開にして、拾っていかなければなりません。場合によっては、次のようなツッコミで通訳してあげてください。

新入社員「えーと、えーと。まぁそんな感じのプランですね、これは」
あなた「つまり、細かいことはすべて弊社《へいしゃ》が請け負《お》うプランってことです」↑通訳
取引先「なるほど」
新入社員「何もかもをすべて、弊社で担当させていただきます。お値段のほうはすこしお高くなってしまうのですが……」
取引先「値段が高くなるのですか。それは困ったな」

あなた　「確かに、お値段のほうは若干《じゃっかん》高くなってしまいます。ですが、これは引っ越しの時と同じだとお考えください」↑補足説明

取引先　「引っ越し？」

あなた　「ええ。ご提案したプランを引っ越しにたとえるなら、トラックの手配はもちろん、荷物を運び出すのも、部屋を掃除するのも、引っ越しそばを手配するのもわれわれです。お客様は近くの喫茶店でのんびりお茶でも飲んでお待ちいただければいい。弊社が提案しているプランは、まさにそういうプランです」

取引先　「なるほどね。すこし高いけど、このプランも悪くないかな」

新入社員　「ちなみに、今週中にお決めいただけますと、すこしだけお安くさせていただきます」

あなた　「実はそうなんです。明後日の十五日土曜日までにご決断いただければ、10％割り引《わび》かせていただきます」↑通訳

言いまちがい、言い忘れ、補足説明、通訳……。ツッコミ脳になって違和感を意識すれば、これらにすばやく反応できます。

加えて、ツッコミは発言だけではなく、行動、見た目、物、環境にもツッコめます。商談が暗礁《あんしょう》に乗り上げた時は、「それにしても、快適なオフィスですね。すばらしい！」などと、環境にツッコんで、場の空気も変えられます。

取引先とは古いつきあいで、気の置けない関係を築けているのであれば、「しかし、おいしいお茶ですね。千利休《せんのりきゅう》が入れたんですか、これは？」と、ユーモアのあるツッコミをして、場を和ませることもできるわけです。仕事の現場では、ツッコミ脳になって全方位的に意識を向けておきましょう。

プレゼン、説明がうまくなる

他人に物事を説明するのがうまい人はツッコミのうまい人、と言っても過言ではありません。理由はふたつあります。

まず、「この人には、こういう説明をしたらわかりやすいだろうな」と、相手をよく分析しているから、ということが挙げられます。説明を始める前に、相手を見て、観て、診ているわけです。

街で人に道を聞かれた時を例にすると、わかりやすいでしょう。道を聞いてきた人が、子どもか大人かで、説明方法は違ってきます。説明のうまい人は、子どもでもわかるような簡単な言い回しで説明するでしょう。もし、相手がご老人であれば、聞き取りやすくゆっくりめに話すなど、配慮もするはずです。

いっぽう、誰彼かまわず、同じように説明する人がいます。子どもが知らないような難しい言葉を使ったり、ご老人相手にいつも通り早口でしゃべったりするなど、これは要するに、相手にツッコめていないのです。

自分が成人である場合、その視点から見た子どもや老人は「常識ではない部分（＝違和感）」です。相手が外国人の場合、さらに顕著《けんちょ》です。説明を始める前に、その違和感にツッコまなければなりません。そのツッコミがあるからこそ、相手に合わせた言葉選びや話し方ができるのです。

ツッコミを入れなければならないのは、相手の性別や年齢だけではありません。道を聞いてきた人がリュックを背負ったバックパッカー風の人なら、それは違和感です。その地域の地理に疎《うと》い可能性が高いので、道を聞かれて「伊勢丹《いせたん》を右に曲がったところです」と答えても、伊勢丹がどこにあるのかわからないかもしれません。説明の前にその違和感に気づき、「この道を五〇メートルほど真っ直ぐ行ったら、伊勢丹というデパートがあるんですよ」と、伊勢丹の場所の説明も含めて教えてあげるべきなのです。

松葉杖《まつばづえ》を突いた人であれば、長い距離を歩けないことを考慮して、最寄《もよ》りの駅を教えてあげるという方法もあるでしょう。年齢、服装、ケガの有無……。説明がうまい人は、それらの違和感に気づいているからこそ、説明上手なのです。

ツッコミ脳になっていないと、他業種の人に同業者しかわからないような専門用語で説明したり、新入社員相手にベテラン社員しか知らないようなことを知っているという前提で解説したりと、説明が下手《へた》です。そして、そのことに対して、話しながら「なんでこいつはこんなに理解力がないんだよ!」と、相手のほうにツッコミを入れるのです。

セミナー講師も同様です。説明のうまい人は、聞き手に伝わっていない違和感に気づくと、自分にツッコミを入れて、方向修正します。逆に下手な人は、その違和感に気づいても聴衆のせいにします。話し方や内容を修正しないため、いっこうに伝わりません。

このように、説明するのがうまい人は相手ではなく、自分にツッコみます。ツッコミのうまい人が説明上手な理由のふたつ目がこれで、説明がうまい人は話しながら、「こんな説明じゃわからないだろ！」と、ツッコミのベクトルを自分に向けています。そのツッコミがあるおかげで、途中から相手に伝わるように説明方法を修正していけるのです。

ツッコミを意識すれば、プレゼンテーションの能力も飛躍的に伸びます。たとえば、プレゼン前の準備として、資料にツッコミを入れまくる。パソコンやパワーポイントの使い方にもツッコミを入れる。本番でパワポが作動しないことも想定して、同様の資料を人数分コピーしておく。「こういうことを言ったら上司にこうツッコまれるだろうな」と、話す内容にもツッコミを入れておく。事前に聴衆の年齢、立場の違和感を見抜き、説明方法にツッコミを入れておく。本番の際も、聴衆に伝わっていなかったら自分にツッコミを入れて方向修正する。

ツッコミ脳になることで、ビジネスの車輪がぐんぐん回り始めます。事前にトラブルを予測しやすくなりますし、結果として上司や先輩に怒られる場面も減るでしょう。

第四章

ツッコミには「型《かた》」がある

現代のツッコミは一〇種類

会話は言葉のキャッチボール、と言われます。相手の発言を受けて、その発言に合わせた言葉を相手に投げ返す。うまく受け取ってうまく返せれば、会話が弾《はず》みます。ボケとツッコミの関係も、このキャッチボールです。ボケがピッチャーで、ツッコミがキャッチャー。ボケが投げた球をツッコミが受け取り、指摘して正すわけです。

ただし、相手がきちんとしたボールを投げてくれるとは限りません。何度も言うように、ボケとは非常識な言動を取ることです。変幻自在《へんげんじざい》のボールが来ますから、受け取る側のキャッチャーは大変です。それこそ、魔球に近い球を投げてくる人もいます。

人気漫才コンビ、アンタッチャブルの山崎弘也《やまざきひろなり》さんが、その典型でしょう。「ザキヤマ」でおなじみの山崎さんですが、どの番組に出てもボケまくります。多種多様なボケを隙《すき》があれば放ってくるため、常識人であるツッコミは大変なのです。

ボケは、時代を追うごとに進化しています。ベタなボケ、シュールなボケ、不条理なボケ……それらを常識人の視点から捌《さば》き続けた結果、ツッコミもまた進化を遂《と》げました。受け取る側のキャッチャーも、単に受けるだけではありません。自分からボケたり、アクシ

ツッコミの「型《かた》」

●**指摘ツッコミ**…ボケのおかしな部分を直接的に指摘する。オーソドックスなツッコミで、一番使用されている

●**疑問ツッコミ**…指摘ツッコミから派生したもの。疑問形でツッコミを入れる。自分が驚いている時に使うと効果的

●**擬音《ぎおん》ツッコミ**…指摘ツッコミから派生したもの。「コラコラ！」「オイーッ！」など、擬音でツッコむ

●**ノリツッコミ**…すぐにはツッコまず、ボケを肯定して話に乗ったあとにツッコむ。批判、揶揄《やゆ》された時などに使う

●**リアクションツッコミ**…セリフではなく、動作でツッコむ。相手がダメな言動を取った時に使う

●**すかしツッコミ**…ツッコむ価値のないボケをさらっと受け流すこと。相手の意図と違う反応をして予定調和を崩《くず》す

●**セルフツッコミ**…ボケがウケなかった時に自分でツッコむ。スベったことを帳消しにできる。「全然ウケへんやんけ、これ！」など

●**倒置《とうち》ツッコミ**…指摘ツッコミの進化形で、文章を倒置にする。現在のお笑い界で主流になっているツッコミ。難易度は高め

●**広げるツッコミ**…指摘ツッコミの進化形。指摘したことを基軸に話を広げていく。たたみかけるようにツッコむことから「マシンガンツッコミ」とも呼ばれる

●**たとえツッコミ**…指摘ツッコミの最終進化形。「たとえ（＝比喩《ひゆ》）」を駆使したツッコミで、能動的に笑いを取りにいく。難易度が一番高い

ヨンにアクションで返したり、相手が投げた球を受け取らないというツッコミまで出てきたのです。

仕事上で放つツッコミも、同じことが言えます。凡《ぼん》ミス、ひどいミス、怠慢《たいまん》が引き起こしたミス。相手の非常識な言動に応じて、それぞれツッコミの入れ方を変えるのが一流のビジネスマンでしょう。

進化した結果、現代のツッコミには一〇種類の「型《かた》」ができました。ボケに応じてどのようにツッコめばいいのか、具体的にご紹介していきます。

❶指摘ツッコミ

まずご紹介するのが「指摘ツッコミ」です。一番オーソドックスなツッコミで、プロの芸人をはじめ、世の中で一番使用されているのが、このツッコミです。次のように、ボケのおかしな部分を直接的に指摘します。

あなた「部長。来月、有給休暇《ゆうきゆうきゆうか》を使わせてもらえないでしょうか？」

上司　「いいけど、金払えよ」
あなた「なんで金払うんですか！　あこぎな商売やめてくださいよ！」←指摘ツッコミ
上司　「そうか。ところで、有給休暇もらってどうするんだよ？」
あなた「気分転換に旅行でもしようと思いまして」
上司　「旅行って、もしかしてタイに行って性転換手術でもするのか？」
あなた「なんで性転換するんですか！　そっちの気《け》はないですよ！」←指摘ツッコミ
上司　「そうなのか。知らなかったなー」

有給休暇は売りものではありませんし、旅行に行くと聞かされて、タイに性転換手術に行くと決めつけるのもおかしいです。そういった非常識な部分を指摘し、「なぜおかしいのか？」という視点で説明します。「なんでだよ！」「違うだろ！」で始まるツッコミの多くが、この指摘ツッコミです。指摘ツッコミは、次の手順を踏む必要があります。

Ⓐ非常識な部分を見抜く

Ⓑ非常識な部分を指摘する
Ⓒ指摘したあとに補足説明する

会話例の「なんで金払うんですか！」と「なんで性転換するんですか！」という短いツッコミがⒷです。「あこぎな商売やめてくださいよ！」と「そっちの気はないですよ！」がⒸに該当し、この補足説明を入れることでボケの非常識さを際立《きわだ》たせられます。

加えて、この補足説明があると、ボケた人が次のセリフに移行しやすくなります。会話例では、Ⓒのツッコミをしたあとに上司は「そうか」「そうなのか」などと、ツッコミの補足説明を受けて話を続けています。この補足説明なしに、「なんで金払うんですか！」のツッコミだけで終わってしまうと、セリフが短すぎて拍子《ひょうし》抜けし、変な間《ま》が空《あ》いてしまいます。会話が止まってしまうことが多いのです。

ボケとツッコミの掛《か》け合いは、基本的にボケたらツッコむという一連の動作で、その話題は完結します。ですから、次の話題に移行しやすくするために、次につながるフックとして補足説明を入れるわけです。

仕事におけるツッコミも、これと同じことが言えます。次のように、あなたが部下のミスにツッコむ場合、①よりも②のほうが話が広がりやすくなります。

部下　「部長すいません、営業先の〇〇社さんを出入り禁止になってしまいました」
あなた「なんでだよ！」←ツッコミ①
あなた「なんでだよ！　あそこは一番のお得意さんだろっ！」←ツッコミ②

「あそこは一番のお得意さんだろっ！」と補足説明を入れたことで、「お得意様」をキーワードに話を展開できます。部下も「そうなんですよ。だから焦《あせ》っているんです！」とスムーズに話を続けられます。

雑談においても、知らず識《し》らずのうちに会話が広がっているのは、ツッコミの補足説明が足掛《あしが》かりとなっているケースが多いのです。ツッコミは、ボケのあとに行なうものですから、話を続けやすいかどうかは〝後出《あとだ》しじゃんけん〟のツッコミにかかっているわけです。

指摘ツッコミでは、一度短くツッコみ、あとから補足で説明することを意識してください。そうすることで会話にリズム感も出ます。

❷疑問ツッコミ

次にご紹介するのは「疑問ツッコミ」です。このツッコミは、指摘ツッコミから派生した亜種《あしゅ》（分類上、その種の下に設けられるもの）と思ってください。これは、「なんでだよ！」「おかしいだろ！」などと直線的にツッコむのではなく、疑問形でツッコミを入れます。

雨上がり決死隊の宮迫さんが、この疑問ツッコミを頻繁《ひんぱん》に使います。「アメトーーク！」でも、共演者の狩野英孝さんにコメントを求めて返答がなかった際に、次の疑問ツッコミを使って爆笑を取っていました。

宮迫「英孝ちゃん、そのへんどう思う？」
狩野「…………」

宮迫「……ないの⁉　なんか言うことないの⁉　プロの芸人さんやんね⁉」←疑問ツッコミ

同じ会話で、指摘ツッコミを使えば次のようになります。

宮迫「英孝ちゃん、そのへんどう思う？」
狩野「…………」
宮迫「なんでないんだよ！　プロの芸人だろ！」←指摘ツッコミ

ふたつの会話を比べてみてください。疑問ツッコミを使った時のほうが、ボケがおもしろく見えませんか？

疑問ツッコミは、驚いている時に使うと効果的です。疑問形にして聞き返すことで、信じられないぐらい驚いていることを表現できるのです。特に驚きが大きい時に使うと、指摘ツッコミで直接指摘するよりも相手の非常識な部分が際立《きわだ》ち、おもしろく見えます。

さらに、疑問ツッコミにすることで、ツッコんだ人じたいもおもしろく見えます。宮迫さんのケースだと、ツッコんだ宮迫さんのほうも、周囲の人にはおもしろく映っています。驚嘆していることから、疑問ツッコミは言葉のパッションが強いです。ボケているわけではないのに、狩野さんの非常識さと宮迫さんの気迫とがリンクして、宮迫さんのほうまでおもしろく見えるのです。

疑問ツッコミでは、ボケが非常識であればあるほど、それに比例してツッコミのほうもおもしろく見えます。特に天然ボケの人がいる場面で効力を発揮するので、忘年会やキャバクラなど、人が大勢いる場所で使って、笑いを取りましょう。

会社では、新入社員に自己紹介をさせたり、朝礼で一分間スピーチをさせたりすることがありますが、人前で話すことに慣れていない人は、緊張して言葉が噛《か》み噛みになってしまいます。こんな時でも、冗談半分にそのことにツッコんであげれば、本人は救われます。笑い話にしてあげるのですが、この時も指摘ツッコミより、疑問ツッコミのほうが効果的です。

新入社員「お、お、おはようございます！　け、今朝はす、すこし、さ、寒い……」

あなた「噛みすぎだろ！」↑指摘ツッコミ

あなた「ちょっと噛みすぎじゃないか？」↑疑問ツッコミ

どうでしょうか？　ツッコまれたほうも、指摘ツッコミで断定されるより、疑問形でツッコまれるほうがダメージが少ないことがわかると思います。そして、ツッコんだあなたもおもしろく見えることから、周囲の他の新入社員にもあなたは「おもしろい先輩」「おもしろい上司」として認知されるでしょう。

❸擬音《ぎおん》ツッコミ

「擬音ツッコミ」とは、その名の通り「コラコラ！」「オイーッ！」などと、擬音でツッコみます。バラエティ番組などで、ますだおかだの岡田圭右《おかだけいすけ》さんやアンジャッシュの児嶋《こじま》一哉《かずや》さんが、擬音でツッコんでいるのを観たことがあると思います。

この擬音ツッコミも指摘ツッコミから派生したものですが、指摘ツッコミにはないメリットが三つあります。

まず、ツッコミとしてのあたりが柔《やわ》らかいということです。会社のデスクにいたずらをされたとします。「何してんだよ！」とストレートな指摘ツッコミをするより、「コラーッ！」と擬音でツッコむほうが、角が立ちません。

擬音ツッコミには独特の愛嬌《あいきょう》があり、誰かが不謹慎なことを言った時でも、「コラコラ」と、諭《さと》す感じで柔らかくツッコめます。あたりがソフトなので、相手に穏《おだ》やかな印象を与えられるのです。

ふたつ目のメリットは、ツッコミのセリフが出てこない時にごまかせることです。ツッコミに慣れていないと、急にボケられたら言葉が出てこないことがあるでしょう。そんな時でも、次のように擬音ツッコミでごまかせます。

同僚「腹が減ったし、おまえの弁当でもちょっともらうか」
あなた「コラーッ！」←**擬音ツッコミ**
同僚「あ、まずそうだから、やっぱりやめとくわ」

あなた「オイーッ！」←擬音ツッコミ

ツッコミとしては稚拙《ちせつ》ですが、会話は成立します。擬音を叫ぶことでツッコミを入れたことになりますから、何もセリフが出てこない時は、とりあえず擬音を叫んでおけばいいのです。

擬音を叫ぶことで、きちんとしたツッコミのセリフを考える時間が数秒できます。これが擬音ツッコミの最大のメリットであり、その時間に考えて、あとからツッコみ直せます。

同僚「腹が減ったし、おまえの弁当でもちょっともらうか」

あなた「コラーッ！　勝手に弁当の蓋《ふた》を開けるな！」

同僚「あ、まずそうだから、やっぱりやめとくわ」

あなた「オイーッ！　他人《ひと》の嫁が作った弁当に悪く言うなよ！」

それでもツッコミのセリフが出てこない時は、「コラーッ！ コラコラ！」と擬音を繰り返してください。考える時間が増えますし、この時間を利用して次の話題の展開も考えられます。ツッコミに慣れていない人は、まずは擬音ツッコミから始めてみるのもいいかもしれません。

❹ノリツッコミ

「ノリツッコミ」とは、相手のボケにすぐにはツッコまず、ボケを肯定して話に乗ったあとに改めてツッコむテクニックです。まず「そうそうそうそう」と話に乗っかり、そのあとに「って、なんでだよ！」とツッコむ感じです。基本的に、批判されたり、揶揄《やゆ》された場合などに使います。

明石家さんまさん、ますだおかだの岡田さんが、このノリツッコミをよく使います。「さんまのまんま」に女優さんがゲストで来た際、さんまさんは次のノリツッコミをしていました。

ゲスト「まぁ、でも、さんまさんはこの先、ずっと独身でしょうからね」
さんま「そうやねん、（二回離婚してるから）結婚はこりごりやし、このままいって最後は孤独死ってコラ！」←ノリツッコミ

ノリツッコミには、注意しなければならないことがふたつあります。

まず、すこしでも照れがあるとウケないこと。相手の批判や揶揄に、「そうなんだよ」と話に乗るわけですから、口にするのは照れくさいものです。しかし、照れていると、揶揄した人はもちろん、周囲の人にもそれを見抜かれます。痛々《いたいた》しさが出てウケないので、するなら本気で相手のボケに乗っかる覚悟がいります。さんまさんも岡田さんも、一片の躊躇《ちゆうちよ》なくするから、おもしろいわけです。

次に、ボケに乗っかるのを長くしないこと。乗っかりすぎると、聞き手の期待値が上がってしまうからです。相手のボケに乗っかっているわけですから、相手はもちろん、周囲の注目も集まっています。ただでさえ期待値が上がっているのに、そのうえ長く乗っかりすぎると、スベった時のダメージが大きすぎるのです。

プロの芸人はそれを心得ており、ノリツッコミをする時は短く乗っかって、すぱっとツッコみます。「しゃべくり007」に、日本テレビの某アナウンサーがゲストで来た時のこと。くりぃむしちゅーのふたりに揶揄されたチュートリアルの徳井義実《とくいよしみ》さんが、次のようなノリツッコミを披露《ひろう》しました。

上田「本日のゲストは、徳井さんが好きなマシュマロ女子（ぽっちゃりした女子）です」
有田「徳井が以前、（肉体）関係を持った人じゃないの？」
上田「徳井、関係を持った人を言ってみ」
徳井「（指で数える素振《そぶ》りをしながら）えーっと……ってバカ野郎！　言ったら、この世界にいられなくなるよ！」←ノリツッコミ

上田さんのボケに、徳井さんが「えーっと」と乗っかったのは、わずか二秒ほど。指を折りながら「まず女優の○○さんでしょ、次に歌手の○○さんでしょ」としなかったのは、期待値が上がりすぎるのを回避するためです。さきほどご紹介したさんまさんのノリ

ツッコミも、時間にしたら五秒も乗っかっていません。
これらの注意事項に留意して、仕事の現場などでは、次のようなノリツッコミをしてください。

先輩「おはよう。今日も、ダサいネクタイだな」
あなた「でしょ、って誰がネクタイ、ダサいんですか！」
上司「来月、この会社の近くに、すごくうまいそば屋ができるらしいぞ」
あなた「マジですか！」
上司「でも、おまえは今月いっぱいで会社を辞《や》めるみたいだし、関係ないか」
あなた「そうなんですよ。この会社は残業代もつかないし、有給休暇も全然使わせてくれないからってコラ！　辞めませんよ、私は！」

ノリツッコミは、うまく機能させれば、普通に指摘ツッコミをするよりおもしろく見えます。特に年配の上司などは、この手のツッコミをされると喜びます。ハイリスクハイリターンなツッコミですが、トライする価値は高いでしょう。

❺リアクションツッコミ

関西で人気の舞台・吉本新喜劇《よしもとしんきげき》では、出演者の誰かがギャグをすると、周りにいる他の出演者がいっせいにコケます。これは、セリフではなく、ズッコケるという動作で、「ここ笑うところですよ！」とお客さんに伝えているのです。

ツッコミは、言葉だけではなくリアクションでも可能です。

スマートフォンやパソコンの人気アプリ、ＬＩＮＥ。ＬＩＮＥのトーク機能で使用するスタンプも、実はツッコミの役割を果たしています。相手の発言に納得がいかない時に、自分の気持ちを文字にしないで、怒ったり泣いたりしているスタンプを送ったりしますが、あれこそ「リアクションツッコミ」です。

ダウンタウンの浜田さんは、相方の松本さんのボケに対して、睨《にら》んだり舌打ちをしたりすることがあります。言葉はいっさい使わず、松本さんの突拍子《とっぴょうし》もない発想に、「理解しにくい」「納得がいかない」といった気持ちを、動作で表現しているのです。

このリアクションツッコミを使うと、相手を救ってあげることもできます。今田耕司さんは、出演者の発言がおもしろくなかった時に、体を両手でこすりながら、次のようなツッコミをする時があります。

「あれ、今日、なんか冷えるな……」

このケースでは「おまえ、寒いんだよ！」と指摘ツッコミをするのがセオリーです。しかし、今田さんは指摘せずに、そのボケに対する感想を動作で伝えています。これは今田さんなりの愛情です。今田さんのリアクションがおもしろいことから、スベった芸人までおもしろく見えるのです。

ＦＵＪＩＷＡＲＡの藤本敏史《ふじもととしふみ》さんも、共演者の発言がスベった際に、次のリアクションツッコミをしていました。

「ごめん。なんかわからんけど、足攣《つ》ったわ！」

これまた、スベった共演者を救っています。その場は盛り上がりましたし、藤本さんもおもしろく見えました。このように、誰かがスベった時にリアクションツッコミをすれば、全員が得をするのです。

たとえば、会社の昼休みにランチに行った際、同行した先輩の話が長かったとします。こんな時でも、「先輩、話が長すぎますよ！」とツッコむのではなく、両手を挙げながらあくびをしたり、眠そうに指で目頭《めがしら》を押さえるほうがおもしろいです。「おまえら、退屈してんじゃねぇよ！」とツッコまれて盛り上がるかもしれません。また、先輩の話がおもしろくなかった時には、「ハァ」とため息をつくのもいいでしょう。

私はよく、誰かのボケがおもしろくなかった時に、手にしていた書類をばさっと床に落とすリアクションツッコミをします。スベった相手も喜んでくれるのでオススメです。もちろんこれらのツッコミは、いい人間関係が築けているからこそ、可能です。いくらなんでも、初対面の人の前で書類をばさっと落とすわけにはいきませんからね。

リアクションツッコミは、基本的に相手がダメな言動を取った時に使います。相手を救ってあげられる、愛のあるツッコミなのです。

❻すかしツッコミ

「すかしツッコミ」とは、ツッコむ価値のないボケをさらっと受け流してしまうこと。相手が「こう来るだろう」と思っているところに、まったく違う反応をして予定調和を崩《くず》し、落差のあるツッコミで笑わせます。

人気コンビ、オードリーは漫才のなかで、このすかしを多用しています。「すかし漫才」と呼ばれ、ボケ担当の春日俊彰《かすがとしあき》さんのボケを、ツッコミの若林正恭《わかばやしまさやす》さんが次のようにすかしていきます。

春日「みなさん、夢でお会いして以来ですね」
若林「だいぶ寝汗かいたと思いますけどね。今日も漫才を楽しくやっていきたいなと思いますけどね」
春日「ＯＬか！」
若林「どのへんがＯＬかわかんないんですけどね。僕の今住んでるアパートがボロいんで、早く引っ越したいなと思ってるんですけどね」

春日「（自分の胸を押し上げるジェスチャーをしながら）確かにおまえはそろそろ引っ越しをしたほうがいいかもな」
若林「ジェスチャーの意味がまったくわかんないんですけどね」

会社の新年会などでは、若い社員に今年の目標を順番に言わせることがあるでしょう。こんな時でも、すかすとおもしろいです。

あなた「今からみんなに、今年の目標を聞いていこうかな。じゃ、そこの君から」
A君「えー、私からですか。なんか緊張してきたな。えーと、えーと。ちょっと待ってくださいね。えーと、えーと、えーと」
あなた「……はい、じゃ、次の人お願いします」←すかしツッコミ
A君「ちょっと待ってくださいよー！」

すかしツッコミでは、ボケを受け流したあとのセリフが重要です。オードリーの漫才で

も、春日さんのボケをすかしたあとの若林さんのコメントが売りになっています。そのことを意識して、会社の同僚がボケてスベった時は、次のようなコメントですかします。

「体調悪いの？」
「朝ごはん食べた？」
「出家《しゅっけ》したらどうかな、もう」

このすかしツッコミは、すかした相手を笑わせるというよりも、主にそれを見ている周囲の人を笑わせるために使います。

そのためには、場の空気を読む必要があります。誰かが意図的にボケてスベったり、仕事でありえない凡《ぼん》ミスをしたり、誰も興味のないマニアックな趣味の話を延々《えんえん》と始めたり……そういった非常識を、その場の多数がおかしいと感じていることが、すかすための条件です。

さきほどの新年会の自己紹介も、A君が緊張して言葉が出てこないことに、周囲の人がおかしく思っていなければなりません。その感覚を多数派が共有していないと、すかしても共感してもらえないわけです。

オードリーの漫才は、そのへんを緻密《ちみつ》に計算しています。ボケ役の春日さんは、ピンクのベストに、整髪料でギトギトの八二《はちに》分けという見た目でステージに出てきます。変な奴であることが一目瞭然《いちもくりょうぜん》で、観ているお客さんたちは瞬時にその非常識さを共有します。ネタの前にすかしやすい環境を整《ととの》えておくことで、いざすかした時に共感させやすくしているのです。

すかしツッコミは、予定調和を崩していることから、リアクションツッコミの進化形と位置づけられます。リアクションツッコミが相手がダメな時に使うのであれば、すかしツッコミは相手がダメすぎる時に使うと考えてください。

ただし、攻撃性が強すぎるため、リアクションツッコミを使う時以上に、いい人間関係ができていないと使えません。非常に野心的なツッコミですから、相手を選ぶのはもちろん、空気を読むことを忘れないようにしましょう。

❼セルフツッコミ

自信満々《じしんまんまん》に発したボケが、残念ながらウケない時があります。場がシーンとしてしまい、ばつが悪くてしかたありません。こんな時、ますだおかだの岡田さんやFUJIWARAの藤本さんは、よく次のようなツッコミをします。

「全然ウケへんやんけ、これ！」
「自信満々に言ったのにスベったやんけ！」
「なんやねん、この変な空気！」

このツッコミを入れると、ボケがスベったことを帳消しにできます。正直に告白した様《さま》がおもしろいことから、ツッコミじたいもウケます。ボケる前にこの手のツッコミを念頭に置いておけば、スベった時にリスクヘッジできるのです。

ツッコミ脳になることで、ツッコミのベクトルを自分にも向けるようになると、第三章でご説明しました（79ページ）。このツッコミもそれと同じで、指摘ツッコミの矛先《ほこさき》を自分に向けているわけです。

自分のダメな部分に対してツッコみ、そのセリフをそのまま口にしてしまう――これが、「セルフツッコミ」です。

タレントの高田純次《たかだじゅんじ》さんは、セルフツッコミの名手です。トークの最中に頭がこんがらがったら、「俺、なんの話をしてたんだっけ？」とセルフツッコミを入れます。トーク中に空気を読んでスベると判断したら、「あ、これダメそうだから、もうやめるわ」と、話を途中でやめます。ミスを帳消しにでき、ツッコミじたいもウケる、とセルフツッコミは非常に使い勝手がいいのです。

高田さんのようなセルフツッコミは、営業先で自社の商品説明をしている時に使えます。説明がややこしくて混乱したら、話の途中で「って、さっきから私は何を言ってるんでしょうね？」とセルフツッコミを入れます。相手もプッと噴き出すでしょうし、変に取《と》り繕《つくろ》うより好印象でしょう。

偉《えら》そうに妙な説教を始めてしまった時でも、途中で「っていうか、なんで俺はこんな偉そうなんだよ！」とセルフツッコミを入れれば、傲慢《ごうまん》さが消えます。上司に褒められたのがうれしくて饒舌《じょうぜつ》になってしまった時でも、「って、いい気になりすぎだろ俺！」とツッコめば鼻につきません。

セルフツッコミには、親近感が湧《わ》くという副次的効果もあります。お酒の席で靴下《くつした》に穴が開《あ》いていた時でも、変に隠そうとするより、勇気を出して「靴下、穴開いてるじゃねぇか！」とセルフツッコミしたほうがいいです。特に役職の高い人だと、その〝庶民性〟に部下は安心します。親近感が出て、心理的な壁が一気に取り払われるのです。

周囲から、まじめ、堅物《かたぶつ》と思われている人は、普段から自分にセルフツッコミを入れる習慣をつけましょう。堅物というイメージをなくそうと、無理してギャグを言う必要などありません。セルフツッコミさえ入れれば、堅さなど一気に崩れます。親近感が出て、次第に「おもしろい人」「楽しい人」として認知されます。

❽倒置《とうち》ツッコミ

これからご紹介する三つのツッコミは、指摘ツッコミの進化形です。現在のお笑い界で主流になっているツッコミでもあります。

まずご紹介するのが「倒置ツッコミ」です。これは文字通り、文章を倒置にします。指摘ツッコミの解説のなかで、次の会話を例示しました。

あなた「部長。来月、有給休暇を使わせてもらえないでしょうか？」
上司「いいけど、金払えよ」
あなた「なんで金払うんですか！　あこぎな商売やめてくださいよ！」←指摘ツッコミ
上司「そうか。ところで、有給休暇もらってどうするんだよ？」
あなた「気分転換に旅行でもしようと思いまして」
上司「旅行って、もしかしてタイに行って性転換手術でもするのか？」
あなた「なんで性転換するんですか！　そっちの気《け》はないですよ！」←指摘ツッコミ

このなかの指摘ツッコミ部分を倒置ツッコミに変えると、次のようになります。

「あこぎな商売やめてくださいよ！　なんで金払うんですか！」←倒置ツッコミ

「そっちの気はないですよ！　なんで性転換するんですか！」↑倒置ツッコミ

また、指摘ツッコミのセオリーとして、次の手順を踏むことをご説明しました。

Ⓐ非常識な部分を見抜く
Ⓑ非常識な部分を指摘する
Ⓒ指摘したあとに補足説明する

倒置ツッコミでは、ⒷとⒸの順番を入れ替えます。そうすることで、ツッコミが印象的になるからです。

ツッコミは、印象的なセリフを先に持ってくるほうが心に刺《さ》さります。「なんで金払うんですか！」というツッコミは、単に指摘しているにすぎません。「あこぎな商売やめてくださいよ！」のほうが印象度は高く、こちらを先に持ってくるほうがツッコミとしてのクオリティが高いのです。

もうひとつ、倒置ツッコミの例を挙げます。

上司　「おまえ、久しぶりの出社だな。死んだと思ってたよ」

あなた「元気ですよ、私は！　なんで死んでるんですか！」

「元気ですよ、私は！」を先に持ってくるほうが、言葉の印象度が高いでしょう。「なんで死んでるんですか！　元気ですよ、私は！」とツッコむのはすこし回りくどいですし、「元気ですよ、私は！」を先に持ってくることで、「なんで死んでるんですか！」と指摘する必要はもうありません。代わりに、「めっちゃ（めちゃくちゃ）健康ですよ。週四《しゅうよん》で焼肉行ってますよ！」といった別のフレーズをうしろに入れることができるのです。

次のふたつを比べてみてください。倒置ツッコミのほうが、ツッコミとしてのクオリティが高いことがわかると思います。

上司　「おまえ、久しぶりの出社だな。死んだと思ってたよ」

あなた「なんで死んでるんですか！　元気ですよ、私は！」↑指摘ツッコミ

あなた「元気ですよ、私は！　めっちゃ健康ですよ。週四で焼肉行ってますよ！」↑倒置ツッコミ

これらを作為的に取り入れているのが、流行語にもなった、タカアンドトシの「欧米か！」です。居酒屋で注文するという設定の漫才を見てみましょう。

トシ「すいません、注文お願いします。僕は生《なま》（ビール）ひとつで、おまえは？」

タカ「ダイエットコーラ」

トシ「欧米か！　なんでダイエットコーラなんだよ！」↑倒置ツッコミ

タカ「ミートパイ」

トシ「欧米か！　和食を食え、和食を！」↑倒置ツッコミ

タカ「スシ、テンプーラ」

トシ「欧米か！　なんで急にカタコトになったんだよ！」↑倒置ツッコミ

この漫才では、「なんで○○なんだよ！　欧米か！」とセオリー通りにはツッコんでいません。「欧米か！」のほうを先に持ってくることで、印象度をアップさせると同時に、掛け合いのテンポをよくしているのです。

言葉の順番を瞬時に判断するわけですから、倒置ツッコミは難易度が高いです。プロの芸人も、舞台でネタを披露したり、番組でツッコむたくさんの経験を通して、体で覚えていきました。

習って、慣れる――これが大事です。最初のうちは「非常識な部分を指摘＋補足説明」のセオリーをきちんと踏んでください。そこから経験を積んでいけば、自然と倒置ツッコミが出てくるようになります。

❾広げるツッコミ

指摘ツッコミの進化形で、次にご紹介するのは「広げるツッコミ」です。このツッコミは、ツッコみながら、どんどん話を広げていきます。

あなた「部長。来月、有給休暇を使わせてもらえないでしょうか？」
上司「いいけど、金払えよ」
あなた「なんで金払うんですか！　あこぎな商売やめてくださいよ！　厚生労働省に苦情の電話入れますよ！」↑**指摘ツッコミ＋広げるツッコミ**
上司「そうか。ところで、有給休暇もらってどうするんだよ？」
あなた「気分転換に旅行でもしようと思いまして」
上司「旅行って、もしかしてタイに行って性転換手術でもするのか？」
あなた「そっちの転換じゃないですよ！　性転換ではなく気分転換ですよ、私が言ってるのは！　有給休暇は取りたいですけど、玉《たま》は取りたくないですよ！」↑**指摘**
ツッコミ＋広げるツッコミ

ボケの非常識さを指摘するだけの指摘ツッコミと違い、広げるツッコミは、指摘したことを基軸に自分から話を広げていきます。たたみかけるようにツッコんでいくことから、別名「マシンガンツッコミ」とも呼ばれ、フットボールアワーの後藤さん、ブラックマヨネーズの小杉竜一《こすぎりゅういち》さん、インパルスの堤下敦《つつみしたあつし》さんなどが得意としています。

なかでも、インパルス・堤下さんの広げるツッコミは圧巻です。ニセの旅番組を用意し、ウッチャンナンチャンの内村光良《うちむらてるよし》さんが堤下さんのツッコミ力を試《ため》すという企画で、次のような広げるツッコミをしていました。

内村「よう、左下《ひだりした》」

堤下「堤下ですけどね。左下だと、僕は右利《みぎき》きなんで、ちょっと使いづらいかもしれないです」←**指摘ツッコミ＋広げるツッコミ**

内村「斜《なな》め下《した》と俺が旅に行くのか」

堤下「斜め下じゃないんで。斜め下だと、僕は傾《かたむ》いちゃいますからね」←**指摘ツッコミ＋広げるツッコミ**

内村「美人局《つつもたせ》と」

堤下「美人局なことしました、僕？　悪い女を一回でも仕込みました？」←**疑問ツッコミ＋広げるツッコミ**

内村「（太ってる堤下に）出たな、猪八戒《ちょはっかい》！」
堤下「猪八戒じゃないですよ。旅に出ました、僕？　こうやってワッカつけてるとこ見ました、僕が外で？」←**指摘ツッコミ＋疑問ツッコミ＋広げるツッコミ**

これが下手なツッコミだと、次のような指摘一辺倒のチープな会話になります。

内村「よう、左下」
堤下「なんで左下なんですか！　堤下ですよ、僕！」
内村「斜め下と俺が旅に行くのか」
堤下「なんで斜め下なんですか！」
内村「美人局と」
堤下「堤下ですよ、僕！　いいかげん覚えてくださいよ！」
内村「（太ってる堤下に）出たな、猪八戒！」
堤下「堤下ですよ、だから！」

広げるツッコミは、自分から笑いを作っていく、能動的なツッコミです。ゆえに、相手が意図的にボケなかったとしても、「拾う」姿勢さえあれば、自分から笑いを作ることができます。

たとえば、キャバクラでキャバ嬢が酒をこぼしたら、「しっかりしなよ。疲れてるなら、すこし休んだほうがいいよ。よかったら俺の部屋に来て一緒に寝るか？」といったように広げていけるわけです。

広げていくのが難しいのであれば、一言《ひとこと》でもかまいません。トーク番組で顔が鳥っぽいと指摘されたフットボールアワーの後藤さんは、「誰が鳥やねん！　ベランダで卵《たまご》産んだろか！」と、一回広げただけで爆笑を取っていました。

もちろん、後藤さんレベルのフレーズを放つには、センスが必要です。しかし、「指摘したあとに広げて笑いを取る」ことに能動的になっていれば、「誰が鳥やねん！　空飛ばれへんわ、俺！」「誰が鳥やねん！　唐揚げにしたらうまいぞ、俺！」ぐらいを言うのはそれほど難しくありません。

最初のうちは短く、かつわかりやすいフレーズでかまいません。経験を積み、徐々《じょじょ》に言葉のセンスを磨いていきましょう。

⑩たとえツッコミ

最後にご紹介するのは、指摘ツッコミの最終進化形「たとえツッコミ」です。たとえツッコミは、その名の通り「たとえ（＝比喩《ひゆ》）」を駆使したツッコミで、広げるツッコミ同様、能動的に笑いを取りにいきます。

「ツッコミがおもしろい」と言われる芸人は、広げるツッコミかたとえツッコミを使っており、名だたる芸人たちが、次のようなたとえツッコミを披露しています。

○ダウンタウンの松本さん
・背の高い芸人に↓「でかっ！　業務用冷蔵庫と同じ大きさしてる！」
・ボケがスベりまくる芸人に↓「ひどいな！　おまえ、しゃぶしゃぶで言うたらアクやで！」
・声が小さい芸人に↓「声が小さいねん！　上でおじいちゃん寝てんの？」

○くりぃむしちゅーの上田さん
・中身のない会話をしている芸人に↓「会話が薄っぺらすぎるよ！　ふぐ刺しか！」
・全然違うことを言った芸人に↓「全然違うよ！　加藤《かとう》あいと阿藤快《あとうかい》くらい違うよ！」
・気になる言い回しをした芸人に↓「気になるわ！　靴のなかに入った小石ぐらい気になるよ！」

○フットボールアワーの後藤さん
・一発ギャグがスベった芸人に↓「おまえ、ようそんなギャグ出せたな！　陶芸家やったら割ってるヤツやで！」
・すばらしい演技をした役者に↓「すばらしい！　鳥肌《とりはだ》立ちすぎてショウガ擂《す》れるわ！」
・イメージと違う二枚目な発言をした芸人に↓「全然イメージと違う！　イメージの高低差ありすぎて、耳キーン！ってなるわ！」

タカアンドトシの「欧米か！」も、たとえツッコミです。「はじめに」でご紹介した、

「そんなにころころ変えないでくださいよ！　部長だって、奥さんの出産予定日がころころ変わったら、対応に困るでしょ！」も、たとえツッコミです。上司がころころと態度を変える様子を、女性の出産にたとえて表現したわけです。

たとえツッコミでウケさせるためには、聞き手を共感させなければなりません。これが絶対条件で、さきほどご紹介した芸人の例も、多くの人が共感できるものばかりです。たとえば、見積書の数字をまちがえた部下に、「もっと真剣に書けよ。『ドラクエⅡ』のパスワードをメモる時ぐらい真剣にやれ」とたとえたところで、ゲームの「ドラゴンクエスト」をやったことのない部下だったら意味が伝わらないのです。

注意しなければならないのは、ボケた人にだけではなく、周囲で聞いている人にも共感できるたとえにしなければいけないこと。ドラクエの例なら、ボケの人も含めてその場の全員、最低でも過半数がドラクエ経験者でないと、ただの自己満足になってしまいます。このことに気づいていない人、計算できない人が多いのです。

たとえツッコミを使いこなせるようになれば、周囲のあなたを見る目が変わります。部下や後輩の企画書を注意する時に「おまえ、よくこんな企画出せたな」では角が立ちますが、フットボールアワー・後藤さんの言葉を借りて、このあとに「陶芸家だったら割ってるヤツだぞ、これ」と足せば、噴き出した部下は怒られたことを引きずらないでしょう。

逆に、上司や先輩の企画書を褒める時に、「すばらしいですね！　鳥肌立ちすぎてショウガ擂れますよ！」とツッコめば、〝かわいい奴〟と思われます。たとえツッコミを仕事で使えば、上司としては懐《ふところ》の深さを、部下としては愛嬌を表現できるのです。

また、たとえツッコミは言葉の印象が強く、インパクトがあります。たった一度のたとえツッコミで、周囲の見方が一八〇度変わることもあります。周りから堅物だと思われている人でも、「おまえ、よくこんな企画書出せたな。陶芸家だったら割ってるヤツだぞ」の一言だけで、一気におもしろい人というイメージがつきます。秀逸なたとえツッコミは、それほど強烈なのです。

たとえツッコミで使用するフレーズが、ボケ的な発想を必要とされるのは事実です。ゆえに、すべてのツッコミのなかで一番難易度が高いのですが、コツをつかんで経験を積めば、誰でもある程度は言えるようになります。その作り方の秘訣を、次章で詳しくご説明しましょう。

第五章

最強のツッコミ・たとえツッコミの作り方

パターンを覚える

たとえツッコミは共感させなければならない、とご説明しました。そのためには、普段からあらゆることをインプットしていく必要があります。テレビ番組、映画、新聞、漫画、小説……。文章を書く時の語彙《ごい》力と同じで、普段の生活のなかで見たものや経験したことでないと、ツッコミとして言葉にできません。

フットボールアワー・後藤さんの「陶芸家やったら割ってるヤツやで！」というたとえツッコミも、後藤さんがテレビや漫画か何かで見たことがあるから口にでき、聞く側の多くも同じものを目にしたことがあるからこそ、伝わるのです。ダウンタウン・松本さんの「ひどいな！　しゃぶしゃぶで言うたらアクやで！」というたとえツッコミも、私たちがしゃぶしゃぶを食べたことがあり、ぎとぎとしたアクを見たことがあるからこそ「ひどいな！」という言葉につながって共感できるのです。

たとえツッコミは、ボキャブラリーがどれだけあるかが鍵《かぎ》です。あらゆる媒体からインプットすると同時に、トーク番組やバラエティ番組を観て、プロの芸人がどのようにたとえツッコミを入れているかを勉強しましょう。言い方の強さ、ツッコむスピード、言葉のチョイス……学べる部分はたくさんあります。

番組を観る時に、特に意識してほしいことがふたつあります。

まず、プロがどのようなパターンでたとえツッコミを入れているか。そのパターンを、次のようなテンプレートに変換して覚えてしまいましょう。

「ひどいな！　おまえ、しゃぶしゃぶで言うたらアクやで！」

↓**〇〇で言うたら〇〇やで！**

「気になるわ！　靴のなかに入った小石ぐらい気になるよ！」

↓**〇〇ぐらい〇〇だよ！**

「全然イメージと違う！　イメージの高低差ありすぎて、耳キーン！ってなるわ！」

↓**〇〇しすぎて〇〇するわ！**

これらをインプットしておけば、普段の生活のなかでも、次のように応用できます。

○○で言うたら○○やで！

・手柄を横取りしようとする先輩に↓「裏切らないでくださいよ、先輩！　歴史で言ったら本能寺《ほんのうじ》の変《へん》ですよ、これ！」

○○ぐらい○○だよ！

・部下のコピーが遅いことに↓「遅いよ！　雨の日の宅配ピザぐらい遅いよ！」

○○しすぎて○○するわ！

・経費節約のためクーラーの電源を切った上司に↓「勘弁《かんべん》してくださいよ、部長！　汗かきすぎて蒸発しますよ、僕ら！」

　次に、プロのおもしろい「言い回し」をインプットしましょう。

「アメトーーク！」において、雨上がり決死隊の宮迫さんが、空気を読まない発言をした共演者に、次のツッコミを入れていました。

「おまえ、よくこの空気でその話をぶっこんできたな！」

このツッコミで爆笑を取りましたが、このツッコミは、たとえツッコミでも広げるツッコミでもありません。積極的に笑いを取りにいってるわけでもないのに大きくウケたのは、「ぶっこむ」という動詞がおもしろいことが関係しています。

このツッコミがもし、「おまえ、よくこの空気でその話をしたな！」であれば、それほど大きくはウケなかったでしょう。宮迫さんは他にも、頭頂部が薄い芸人に、「おまえ、てっぺんだけバーナーでいかれてんの？」とツッコみました。「おまえ、頭頂部だけバーナーで焼かれてんの？」とツッコむより、おもしろく聞こえます。

フットボールアワー・後藤さんの、「イメージの高低差ありすぎて、耳キーン！ってなるわ！」というツッコミも、「耳キーン！」という表現がおもしろいからこそウケるわけです。動詞や名詞の使い方、擬音。こういったものをインプットしておけば、たとえツッコミを入れる際の絶妙なアクセントになります。

ツッコミのスイッチを事前に入れる

テレビ番組で、芸人のたとえツッコミを目にして、「よくこんなことを思いつくよな」と感心している人は多いでしょう。たとえツッコミには、ボケ的要素があります。プロとしての技能や才能から出していることは事実なのですが、一般の人と比べて、格段に出しやすい状況にいることもまた事実です。なぜなら、バラエティ番組は誰かがボケて誰かがツッコむというルールのある世界だからです。

この絶対的ルールを知っているからこそ、「隙《すき》があったらたとえよう！」と番組中に身構えておくことができます。私たち日常の世界と比べた時に、これはかなりのアドバンテージで、事実、堅めのドキュメンタリー番組で空気を読まずにボケた人がいたら、プロといえども、たとえツッコミどころかツッコミじたいが遅れます。身構えていない、要するにスイッチをオンにしていないから、ツッコミのキレもフレーズのクオリティも下がってしまうのです。

たとえツッコミの猛者《もさ》になると、番組に出た時は、「一回ツッコむごとに一回たとえよう！」ぐらいの意識でいます。だからこそ、高レベルのツッコミを紡《つむ》ぎ出せるわけです。

このように、ある程度身構えておかないと、いいツッコミはできません。特にたとえツッコミは難しいので、たとえツッコミで笑いを取る時は、脳のスイッチをオンにしてください。若い男性なら、合コンやキャバクラに行く時など、場を盛り上げることを意識してスイッチをオンにしていくでしょう。あれと同じ感覚です。

それに加えて、「今日はたとえツッコミ一本でいく」と、決め打ちにしたほうがいいです。その制約があることで、脳がたとえることにフォーカスされます。語彙をキャッチしやすくなるのです。

会社にいる時なら、ミスの多い社員や天然ボケの社員が近くにいる時は、スイッチを入れる。仕事中はオフにしておき、仕事を終えて飲みに行った時はオンにするなど、ツッコミスイッチのオンとオフを使い分けるといいでしょう。

たとえるキーワードをひとつに絞《しぼ》る

ここからは、たとえツッコミの作り方をご説明します。その前にもう一度、ダウンタウン・松本さんとくりぃむしちゅー・上田さんのたとえツッコミを見てみましょう。

・ボケがスベりまくる芸人に↓「ひどいな！　おまえ、しゃぶしゃぶで言うたらアクやで！」

・気になる言い回しをした芸人に↓「気になるわ！　靴のなかに入った小石ぐらい気になるよ！」

これらのツッコミは、「ひどいな！」「気になるわ！」と、まず相手の非常識さに指摘ツッコミを入れています。そのあとにたとえツッコミを入れているわけですが、たとえツッコミは、指摘ツッコミで言ったセリフにリンクしています。「ひどい＝しゃぶしゃぶのアク」「気になる＝靴のなかに入った小石」と、最初に指摘した言葉に、イコールに近い類似性がないと意味が伝わらないわけです。

注意しなければならないのは、最初に必ず指摘ツッコミを入れなければならない、ということ。

たとえば、知り合いの女性が赤いシャツに赤いスカートで現われたとします。いきなり「サンタクロースみたいだな！」とツッコむと、よっぽどサンタクロースそっくりの服装でもない限り、意味が伝わりにくいでしょう。まず、「赤すぎるだろ！」と指摘ツッコミを入れておき、そのあとに「サンタクロースみたいだな！」とツッコむわけです。この「赤い」という言葉が出たことで、相手とサンタクロースがイコールになりやすくなります。

「しゃぶしゃぶで言うたらアクやで！」というたとえも、「ひどいな！」という指摘なしにいきなり投げられたら、意味を理解するまで時間がかかって、ウケが弱くなります。

たとえツッコミは指摘ツッコミの進化形であり、指摘ツッコミの延長線上にあることをまずは認識してください。

指摘ツッコミのセリフは、たとえツッコミを作る際のキーワードになります。「ひどいな！」なら、ひどいたとえを、「気になるわ！」なら、気になるようなたとえを言うわけですが、指摘ツッコミで言った言葉が、直接的なキーワードにならない場合があります。

一例を挙げると、何度もご紹介してきた、フットボールアワー・後藤さんの次のたとえツッコミ。

「おまえ、ようそんなギャグ出せたな！　陶芸家やったら割ってるヤツやで！」

この「おまえ、ようそんなギャグ出せたな！」という指摘ツッコミには、「ひどいな！」「気になるわ！」などのような、わかりやすいキーワードが言葉として出ていません。後藤さんは、「おまえ、ようそんなギャグ出せたな！」という言葉から、そんなギャグは「捨てるべき」という感想を持ったはずです。口にした言葉からではなく、脳内に現われた「捨てるべき」という感想をキーワードに、自分が過去に見た、陶芸家が失敗作を割るシーンを思い出して、たとえたのです。

ここで注意しなければならないのは、キーワードはひとつに絞ること。「おまえ、ようそんなギャグ出せたな！」という指摘ツッコミからだと、「捨てるべき」以外にも、「人に聞かせられるレベルではない」「全然おもしろくない人」など、出そうと思えばいくらでもキーワードは抜き出せます。

「人に聞かせられるレベルではない」をキーワードにすれば、「おまえ、ようそんなギャグ出せたな！　編集で『ピー』入れなあかんわ、おまえのギャグ！」とツッコめます。「全然おもしろくない人」をキーワードにすれば、「おまえ、ようそんなギャグ出せたな！小四《しょうよん》でも言うの躊躇《ちゅうちょ》するぞ、そんなギャグ！」などと、小学生にたとえることもできるわけです。

たとえツッコミは、指摘ツッコミをしたあとにすぐ言わなければなりません。キーワードをたくさん設定してしまうと、脳が追いつきません。あっちにしよう、やっぱりこっちにしようなどと迷っている時間はないので、キーワードをひとつに絞り、そのキーワードに一点集中で考えてください。そうすれば、考えやすくなりますし、たとえのクオリティも上がります。

たとえるジャンルをひとつに絞る

たとえツッコミは、世の中のあらゆることのなかから、たとえを見つけ出すわけです。瞬時に出すのは難しく、難易度を下げるために、たとえるジャンルをひとつに絞ってください。多くの人が共感できるカテゴリーをひとつに決め打ちし、そのなかから見つけるようにするのです。

たとえば、野球の話題などです。打ち合わせが始まってすぐに結論を述べる人に、「いきなり豪速球投げてきたな！」と、野球のたとえツッコミをする人がいます。野球は多くの人が知っているので共感しやすく、この手のたとえをする人は、毎回野球でたとえるように意識している人が多いです。たとえるジャンルを野球に絞っているからこそ、言葉が出てきやすいのです。

他にもオススメなのが、食べものの話題です。人間は毎日、食事をしていますから、共感しやすいです。フットボールアワー・後藤さんの「陶芸家やったら割ってるヤツやで！」なら、次のようにたとえられます。

○キーワード：煮詰めるのが足りていない
「おまえ、ようそんなギャグ出せたな！　おでんみたいにもっと煮込んでから人前に出せよ！」

○キーワード：歯ごたえがない
「おまえ、ようそんなギャグ出せたな！　おかゆでも、もうちょっと歯ごたえあるぞ！」

○キーワード：中身がない

「おまえ、ようそんなギャグ出せたな！　ピーマンより中身スカスカやぞ！」

また、家電製品もわれわれの生活に密着していることから、共感しやすいです。ダウンタウンの松本さんは、よく家電製品にたとえてツッコみます。

背の高い芸人に↓「でかっ！　業務用冷蔵庫と同じ大きさしてる！」
大きな丸顔をした芸人に↓「顔でかすぎるやろ！　ＩＨジャーぐらいあるな！」
トーク中に変な間《ま》を空けた芸人に↓「ひどいな！　電化製品やったら完全に返品やで！」

家電製品にジャンルを絞っても難しければ、さらに絞り込んでみましょう。たとえば、パソコン。ほとんどの人がパソコンを使っているでしょうから、共感しやすいです。後藤さんの「陶芸家――」のツッコミなら、次のようにたとえられます。

○キーワード：人前に出せない

「おまえ、ようそんなギャグ出せたな！　その低いレベルでようエンターキー押したな！」

○キーワード：聞くに堪えない

「おまえ、ようそんなギャグ出せたな！　プリンター受信できんぞ、そんなギャグ！」

○キーワード：どうかしている

「おまえ、ようそんなギャグ出せたな！　とりあえずいったんシャットダウンして再起動しろ、おまえは！」

パソコンまでジャンルを絞り込めば、たとえる範囲は一気に狭まります。パソコンの機能の数はそれほど多くありませんから、「見つけ出す」作業から、「選ぶ」作業にまで負担が減るのです。

これは私の持論ですが、お笑いの才能とは「創《つく》る能力」のこと。対して、お笑いのセンスとは何がおもしろいのかを「選ぶ能力」だと思っています。

才能はどうにもならないものですが、センスは磨けば光ります。たとえば、ファッションセンスも同じではないでしょうか。服をデザインする能力は才能がいるでしょうが、自分に合う服を選ぶ能力は経験を積めば伸ばすことができます。また、オシャレな友人と接していても磨かれるでしょう。要は、センスとは経験の数なのです。

ジャンルをひとつに絞る制約を課し、言葉を選ぶ作業にまで落とし込めれば、あとはセンスです。そのセンスも後天的に伸ばすことができますし、並行してインプットを行なえば、必ず力がつきます。最初は、たとえるジャンルをひとつに絞り、慣れてきたらジャンルをふたつに増やすなど、徐々に範囲を広げていくといいでしょう。

意外性のある言葉を選ぶ

たとえツッコミは、聞き手を笑わせなければなりません。ウケるフレーズにするためのポイントが、ふたつあります。

まず、わかりやすいフレーズを心がけることです。ここでのわかりやすさとは、頭にすっと入ってくるかどうかということ。この「すっと」というのが大事で、言われてすぐに意味を理解できるほどわかりやすくなければなりません。

たとえば、会社の同僚が日焼けして真っ黒だったとします。その黒さを食べものでたとえる場合、「焼けすぎだろ！　カレーみたいだな！」とツッコめば、きちんと意味が伝わって頭にすっと入ってきます。いっぽう、「焼けすぎだろ！　ビーフストロガノフみたいだな！」とツッコんだら、いまいちピンとこないでしょう。フレーズとしてはビーフストロガノフのほうがおもしろいのですが、ロシア料理であるビーフストロガノフは頻繁に目にする食べものではないため、共感しにくいのです。

とはいえ、カレーにたとえて意味が伝わったとしても、ウケません。たとえがベタだからです。最近の人、特に若い人は笑いの感覚が肥《こ》えており、ベタなフレーズを言ったところで、愛想笑いされるのが関の山でしょう。

ウケるためのポイントふたつ目は、たとえに意外性があるかどうかです。ベタではないたとえで、相手に「そうきたか！」と思わせる必要があります。さきほどの日焼けの例なら、次のようなたとえツッコミはいかがでしょう。

「焼けすぎだろ！　おまえそれ、顔にビーフシチュー塗《ぬ》ってない？」

ビーフシチューは目にする機会も多く、ビーフストロガノフのようなわかりにくさはありません。また、カレーほどベタではないので、意外性も生まれます。ポイントは、ビーフシチューを顔に塗るという描写を入れたこと。食べるのが常識の食べものを、「塗る」という行為にシフトさせました。わかりやすく、かつ、食べものの種類にも、使い方にも意外性があることから、たとえツッコミとしては悪くないと思います。

わかりやすく、意外性がある——たとえツッコミは、この相反《あいはん》するふたつの価値観を併《あわ》せ持ったフレーズにしなければならず、プロのたとえツッコミはすべてこの条件を満たしています。もちろん、プロレベルのたとえフレーズを思いつくのは難しいでしょう。そこで意識してほしいのが、「最初に思いついたベタなフレーズを変換する」ことです。

日焼けしている真っ黒な人にツッコミを入れる場合、「ビーフシチュー」という言葉は出てきにくいでしょう。ですが、「カレーみたいだな」というベタなたとえなら誰でも思いつくはずです。いきなりビーフシチューという言葉を出そうとするのではなく、まずカレーを思いつき、カレーと比較してベタではない黒っぽい食べものを探します。カレーを基軸に連想を広げれば、ビーフシチューにたどり着くのはそれほど難しくありません。

もしくは、カレーを基軸にして、カレーという言葉じたいを変換させます。「焼けすぎだろ！　本格的なカレーみたいだな！」という言い回しにすれば、たとえのグレードが上がるわけです。

カレーを思いついてカレーじたいを変えるか、カレーを思いついてビーフシチューに変えるか。このふたつを意識すれば、ベタではなく、かつ意外性のある言葉が出てきやすくなります。これは要するに、前項でご紹介した「選ぶ」ということです。「カレー」という言葉さえ出せば、あとはカレーにまつわる何かを「選ぶ」作業です。言葉を選ぶ作業ですむように、初動で脳をセットアップするのです。

フットボールアワー・後藤さんの「おまえ、ようそんなギャグ出せたな！　陶芸家やったら割ってるヤツやで！」を例に考えてみましょう。「捨てるべき」というキーワードを抜き出した場合、まず「ゴミ箱に捨てろよ、そんなギャグ！」というベタなフレーズを思いつきます。そして、そのフレーズを基軸に連想すると、「ゴミ収集に持っていってもらえよ、そんなギャグ！」というたとえツッコミが生まれます。ゴミ箱からゴミ収集につなげるのはそれほど難しくないでしょう。

後藤さんの「陶芸家やったら割ってるヤツやで！」というフレーズを出すのは難しいものの、「小説家やったら破《やぶ》いてるヤツやで！」といったフレーズが出せれば、あとはそのたとえと比較してベタではない捨てるべきものを探すわけです。

簡単ではありませんが、この方法論で数をこなしているうちに、見違えるぐらい、いいフレーズが出せるようになります。たとえツッコミの多くが、この発想法で対応できるので、ぜひ実践してみてください。

会話を引《ひ》っ張《ぱ》る

ツッコミは、すぐに入れてこそキレがよくなります。たとえツッコミも例外ではありませんが、たとえを考えたり選んだりする作業が必要なため、簡単には瞬時に入れられません。そこで、すこしでも考える時間を確保するために、会話を引っ張るという裏ワザがあります。

この際、プロの芸人がよく使うのが、指摘ツッコミを繰り返す方法です。「なんでだよ！　なんで○○なんだよ！　おかしいだろ！」などと、同じようなセリフを何度も繰り返します。その間に考え、いいフレーズが思いついたら「○○ぐらいおかしいだろ、それ！」と最後にたとえツッコミを入れるのです。

言い回しを変えて、「おかしいだろ！　おかしいだろ、それ！　それ絶対おかしいって！　○○ぐらいおかしいよ！」とツッコむのもいいでしょう。キレこそ削《そ》がれるものの、ツッコミのフレーズがよければ、間《ま》の悪さを帳消しにできます。

おもしろいたとえツッコミを考えるために、わざと大きくウケる芸人もいます。声に出して笑っている間にたとえを考えておき、「あはは、いやマジでおかしいだろ、それ！　○○ぐらいおかしいだろ！」とツッコむわけです。

さらに、次のように、やり取りそのものを引っ張りながら考えることもできます。

あなた「なんで新入社員に指導する立場のおまえが、まちがったことを教えるんだよ」

後輩　「すいません」

あなた「おまえは新入社員を助ける側の人間だよな。救ってやる立場のおまえが、なんでむしろ足引っ張ってんだよ」
後輩「本当にすいません」
あなた「おかしくないか？」
後輩「正直、おかしいです」
あなた「おかしいよな？　絶対おかしいよな？」
後輩「おかしいです」
あなた「おかしいだろ、おまえ。海で足攣《つ》るライフセーバー見たことある？」

普通ならば、「おまえは新入社員を助ける側の人間だよな。救ってやる立場のおまえが、なんでむしろ足引っ張ってんだよ」のすぐあとにツッコまなければなりません。しかし、これは話の流れに沿って会話を引っ張り、最後にズドンと投げ込んだのです。

このような裏ワザで会話を引っ張れば、五～一〇秒ぐらい時間を確保できます。慣れないうちは、こういった時間の引き伸ばしテクニックを使って練習するのもいいでしょう。

そして、もし、これらの方法を駆使してもいいたとえが出てこない場合。その場合は、無理してまで中途半端なたとえを言う必要はありません。何も言わないという選択肢を採ってください。

最初に指摘ツッコミをしていることから、そのまま会話をフェードアウトしてもおかしくありません。さきほどの会話例でも、最後に「おかしいだろ、おまえ。頼むよおまえ」ぐらい言っておけば、そのまま会話を切り上げられます。

バラエティ番組などで、芸人を一度じっくりと観察してみてください。指摘ツッコミのあとに無駄に話を引っ張っているのに、最後は尻すぼみで終わったり、話題を強引に変えたりしている芸人はたくさんいます。

インプットし、スイッチをオンにし、キーワードをひとつに絞り、ジャンルを絞り、意外性のある言葉を選び、会話を引っ張り、思いつかなければ言わない――これらを意識して経験を積めば、たとえツッコミはどんどん上達します。

頭のなかにいいフレーズが蓄積されていきますし、過去に言ってウケたフレーズを思い出して別の機会で使う、といった器用さも身につけられます。

しかも、第一章でご説明した通り（31ページ）、たとえツッコミはツッコミというスタイルのなかからボケているので、スべってもスべった感じがしにくいです。口にするのも恥ずかしくないですし、意図的にボケた時のような軽薄さもありません。そう、ビジネスの現場でも、たとえツッコミは効力を発揮するのです。

第六章

プロのツッコミ、アマチュアのツッコミ

キレ

「あの芸人は、ツッコミのキレがいいよね！」お笑い芸人を評する時に、よく耳にする言葉です。プロのツッコミには、このキレがあります。速さ、声の大きさ、声の通り、的確な言葉選び、迷いのなさ……キレの要素はたくさんありますが、簡単に言えば、すばやく、正確に、おもしろく、ということです。

アマチュアの方のツッコミには、往々《おうおう》にしてこのキレがありません。ご紹介してきたようなツッコミのメカニズムを理解しても、キレがなくて相手の心に響《ひび》かないのです。

キレのないツッコミには、大きく分けて次のような原因があります。

○声がおかしい
○タイミングがおかしい
○セリフがおかしい
○テンションがおかしい
○ツッコミの種類がおかしい

ツッコミは、努力と経験です。すばやく、正確に、おもしろく、を指標にして経験を積めば、次第に「キレがいいね！」と評されるようになります。本章では、私が過去にツッコミを指導してきた経験を元に、アマチュアの方によくあるダメな例を出しながら、具体的に分析していきます。

声

まず、声が小さい。根本的なことですが、アマチュアの方に一番多いミスがこれです。ツッコむ際の声が小さすぎるのです。

もちろん、第二章でご説明した通り（51ページ）、普段の生活のなかで漫才師のようになんでもかんでも大声でツッコむ必要はありません。しかし、ツッコミは、違和感を「指摘」しなければなりません。普段の声のトーンのままツッコめば、声に起伏《きふく》がなくて、指摘したかどうかわかりにくいのです。

声が小さいのは、ツッコむことに遠慮しているケースがほとんどです。ツッコむのは失礼ではないかと躊躇《ちゅうちょ》してしまい、特に目上の人へのツッコミで声が小さくなる人が多いようです。

【悪い例】

上司「俺、酒をやめようと思ってるんだよ。女房がやめろやめろってうるさくてよ」
あなた「奇遇ですね、部長。実は、私もお酒をやめようと思ってたんですよ。うちも家内がうるさくて」
上司「そうなのか。おたがい、口うるさい女房を持つと大変だな」
あなた「ですね」
上司「おまえも、いろいろと女房の愚痴《ぐち》がありそうだな」
あなた「ありますよ。今度聞いてくださいよ、部長」
上司「だったら今晩、一杯行くか？」
あなた「………いや、あの。部長、さっき、お酒をやめるっておっしゃってませんでしたっけ？」

このケースでは、上司は完全に笑わせようとしています。それなのに、小さい声で遠慮がちにツッコんだら、それはむしろ相手に失礼です。キレよく、ズバッとツッコんであげるのが愛情なのです。

【良い例】

上司「俺、酒をやめようと思ってるんだよ。女房がやめろやめろってうるさくてよ」
あなた「奇遇ですね、部長。実は、私もお酒をやめようと思ってたんですよ。うちも家内がうるさくて」
上司「そうなのか。おたがい、口うるさい女房を持つと大変だな」
あなた「ですね」
上司「おまえも、いろいろと女房の愚痴がありそうだな」
あなた「ありますよ。今度聞いてくださいよ、部長」
上司「だったら今晩、一杯行くか？」

あなた「やめるんじゃなかったでしたっけ、お酒？　さっきやめるとはっきり聞きましたけど？」

意図的にボケてきた相手に対しては、たとえ目上の人でも、主従関係を取っ払って目線を同じにしてください。「はじめに」でご紹介した、社長に対するツッコミも同様です。社長の「まるで、俺の髪の毛みたいだわ」という自虐《じぎやく》ボケに「じゃ、最新ですね！」とツッコんだわけですが、遠慮して小声でツッコんでいたら、キレがなくてウケません。社長のボケを輝かせるためにも、非常識に対する常識人として、きちんと声を張ってツッコんであげてください。

タイミング

タイミングが遅い。これもアマチュアの方に多いミスです。次の会話のように、ボケの意味を理解するまで、時間がかかってしまうのです。

【悪い例】
上司「しかし暑いな、今日は。真夏日《まなつび》だな」
あなた「ですね」
上司「暑すぎるから、今日のランチは、おでんでも行くか」
あなた「……」
上司「……」
あなた「…………いやいや、なんでおでんなんですか！」

ツッコむのが遅く、ボケをしばらくほったらかしにしています。大ボケを放った上司からすれば、こんな恥ずかしいことはなく、夏の暑い日におでんを食べようとするのは、どう考えても非常識です。わかりやすい違和感なので、すぐに反応しなければなりません。

ブラックマヨネーズの小杉さんやますだおかだの岡田さんなら、「おでんでも行くか」の「行く」ぐらいでツッコみます。このすばやさがキレにつながるのです。

また、ありがちなミスが、ツッコむ前に「いやいや！」とつけてしまうことです。「おいおい！」と言ってからツッコむ人もいて、その無駄な言葉の分だけタイミングが遅れてしまいます。

【良い例】

上司「しかし暑いな、今日は。真夏日だな」

あなた「ですね」

上司「暑すぎるから、今日のランチは、おでんでも行くか」

あなた「なんでおでんなんですか！　こんな暑いのにおでんとか食べたくないですよ！」

オーソドックスな指摘ツッコミですが、次の会話につながりやすいように、指摘したあとにきちんと補足説明も入れています。相手が「あ、おでんは暑いからダメか」と続ければ、「ダメですよ！　汗かきすぎて、私もハンペンみたいにびしょびしょになりますよ！」と広げるツッコミを入れてもいいでしょう。

意図的、かつわかりやすいボケには、タイミングが遅れないように注意が必要です。ツッコむタイミングを逃《のが》してしまうと、とびっきり長い間《ま》ができてしまうこともあります。よくあるのが、相手が急に放ってきたつまらないダジャレに沈黙してしまうケースです。

これが親しい上司であれば、先述の通り、「今のは正直、イエローカードです！」とツッコめますが、相手が気心の知れていない取引先だとはばかられます。ましてや親会社の重役ともなると、さすがにこのツッコミはできないでしょう。

そこで、長い間ができてしまった時は、その沈黙を逆手に取って、次のツッコミを入れてください。

取引先「今日は楽しかったよ、ゴルフ。ありがとうな」
あなた「とんでもございません、社長。こちらこそ、最高の時間を過ごさせていただきました。また、いつでもご連絡ください」
取引先「そう言うけど、おまえは忙しくて連絡取りにくいからな。本当におまえだけは、電話にでんわ」

あなた「……」
取引先「……」
あなた「……」
取引先「……」
あなた「…………じわじわ来ますね、これ」

じわじわ来るとは、よく考えたらおもしろい、ということです。できてしまった沈黙を、つまらなくて白《しら》けていたのではなく、「ボケの意味をじっくりと考えていた」という見せ方にしてごまかします。結果としてウケたわけですから、相手は嫌な顔をしないはずです。

間《ま》

ツッコミは、すばやくツッコむに越《こ》したことはありません。ただし、ツッコむタイミングがおかしいと、間《ま》が悪くなってしまうことがあります。

【悪い例】
あなた「先輩。仕事中に、会社のパソコンでネット・ショッピングするのはやめてもらえませんか？」
先輩「い、いや、これは違うんだよ。会社で使うヤツなんだよ」
あなた「嘘《うそ》つかないでくださいよ。ゴルフクラブなんてうちの会社に必要ないでしょ」
先輩「そんなことないぞ、おまえ。会社にゴルフクラブがあったら、部長の暇《ひま》つぶしにもなるし、背中がかゆい時にも……」
あなた「なんの言い訳なんですか！　そんな使い道おかしいでしょ！」

このツッコミは、相手が言いかけているセリフの途中でツッコんでいます。すばやいツッコミではありますが、ツッコむタイミングが悪すぎます。相手には、まだ言いたい続きがあるからです。
この先輩は、自分の失態を変な言い訳をすることで、笑い話にしようとしています。ボケようとしているわけですから、おもしろいおもしろくないにかかわらず、最後まで聞いてあげたほうが喜びます。話の途中でボケの意味を理解しても、ボケが続くことを予想してツッコむタイミングをあえて遅らせるのです。

【良い例】

あなた「先輩。仕事中に、会社のパソコンでネット・ショッピングするのはやめてもらえませんか?」

先輩「い、いや、これは違うんだよ。会社で使うヤツなんだよ」

あなた「嘘つかないでくださいよ。ゴルフクラブなんてうちの会社に必要ないでしょ」

先輩「そんなことないぞ、おまえ。会社にゴルフクラブがあったら、部長の暇つぶしにもなるし、背中がかゆい時にもかけるし、会社に暴漢が乱入してきたら武器にもなるし」

あなた「なんの言い訳なんですか!　そんな使い道おかしいでしょ!」

会話には、話の「継《つ》ぎ目《め》」があります。文章にたとえるなら、句読点がそれです。話の句読点を意識してツッコめば、間がよくてボケを際立たせられます。

プロの芸人、特に漫才師は、この間を知りつくしています。人気漫才コンビのサンドウィッチマンは、結婚式で花嫁が両親に手紙を読むという漫才で、次のような会話を展開していました。

富澤《とみざわ》「私は、お母さんの料理が大好きでした。お母さんの味噌汁《みそしる》や豚汁《とんじる》、さつま汁《じる》にしじみ汁《じる》、かす汁《じる》、すまし汁《じる》や冷《ひ》や汁《じる》」
伊達《だて》「なんで汁ばっかりなんだよ！　じるじるじるじるじる汚《きた》ねぇな！」

この掛け合いでは、「さつま汁」あたりでツッコんでしまうと、汁ばっかりというボケとして伝わりにくいでしょう。間が悪く、ボケた富澤さんが恥をかくことになってしまいます。ツッコむ間が大事なのは、相手が意図的にボケた時だけではありません。相手が言いたいことがあるのに途中でツッコんでしまうと、間が悪すぎて嫌がられます。

たとえば、上司に説教されている時に、相手の言い分におかしな部分があったとします。上司が一方的に話している途中でツッコミを入れると、話のペースを乱された上司は気分を害します。「まだ、こっちがしゃべってんだよ！」と逆にツッコまれかねませんし、間が悪くてこちらのツッコミの言葉も刺さりにくいでしょう。しかし、上司の話が一段落ついてから反論、もしくは話の継ぎ目にツッコミを入れれば、上司は聞く耳を持ちやすくなります。

これは、第三者としてツッコむ場合も同じです。上司が誰かにまくしたてている最中に、近くから「部長、それはおかしいですよ！」とツッコんだら、「おまえは黙ってろ！」と怒鳴《どな》られかねません。どの間でツッコむべきかに留意して話を聞き、絶妙の間でツッコんで相手の心に響かせるのです。

また、社内会議などで他人と言い合いになった時でも、ひとまず聞き役になってください。納得いかないことでも、ぐっと言葉を飲み込みます。そして、相手の話に一段落ついてからツッコむと、間がよくて相手の非常識さを際立たせられるでしょう。

セリフの長さ

ツッコミのセリフは、長いとキレが鈍《にぶ》ります。たとえ、絶妙な間ですばやくツッコめたとしても、ツッコミとしては二流です。

【悪い例】

先輩「今日は部長が出張でいないから、みんな伸び伸び働いてるな」
あなた「ですね。正直、気が楽ですよ」
先輩「おまえ、俺が出張でいない時も、陰《かげ》で同じこと言ってんだろう？」
あなた「言ってませんよ、先輩が出張でいない時にそんな陰口なんて！　私が陰で先輩のことをそんな悪く言うわけないじゃないですか！」↑ツッコミ①
先輩「本当かよ。どうせおまえ、『あいつはこの会社で一番仕事ができないくせに、人一倍偉そうにしやがる』とか言ってんだろう？」
あなた「言ってませんよ、先輩は仕事が無茶苦茶できるのにそんなこと！　誓《ちか》って言いますけど、私は陰で絶対そんなこと言わないです！」↑ツッコミ②

セリフに無駄な部分があると、ツッコミの焦点《しょうてん》がぼやけます。ツッコミ①のケースだと、相手のセリフをわざわざ繰り返す必要はありません。短く「言ってませんよ！」とツッコむだけで、言ってもいないことを言ったと決めつけている相手の非常識さを指摘できます。無駄な部分を削《そ》ぎ落とすと、言葉にエッジが効《き》きます。このケースでは、陰口を言っていないという事実だけを伝えれば十分なのです。

ツッコミ②も無駄にセリフが長いです。ここで問題なのは、ひとつ目のツッコミです。「言ってませんよ、先輩は仕事が無茶苦茶できるのにそんなこと！」

このツッコミは、ひとつのセリフで二カ所ツッコんでいます。「陰口を言っていない」ことと、「仕事ができる人がそんなセリフを言うのはおかしい」ことです。これでは焦点がぼやけてしまい、ボケた相手も言葉の意味を追いにくいのです。

【良い例】

先輩　「今日は部長が出張でいないから、みんな伸び伸び働いてるな」

あなた「ですね。正直、気が楽ですよ」

先輩「おまえ、俺が出張でいない時も、陰で同じこと言ってんだろう？」
あなた「言ってませんよ！　私がそんなこと言うわけないでしょ！」
先輩「本当かよ。どうせおまえ、『あいつはこの会社で一番仕事ができないくせに、人一倍偉そうにしやがる』とか言ってんだろう？」
あなた「言ってませんよ、だから！　そもそも先輩は仕事できるじゃないですか！」

最後のツッコミは、二カ所ツッコんでいたセリフを分割しました。こうすれば、言葉がピックアップされて伝わりやすくなりますし、また「そもそも先輩は仕事できるじゃないですか！」とツッコむことで、言われた先輩は「ま、そう言ってくれたらうれしいけど」と話を続けやすくもなるわけです。

セリフが長すぎると、一息《ひといき》でツッコめない場合もあります。途中で息継《いきつ》ぎをしてしまうとキレが削《そ》がれますし、長すぎてセリフを噛んでしまうリスクもあるのです。

ツッコミは、まず短いツッコミを入れて、そのあとに足りない部分を補足する、違和感が複数あって長くなりそうなら、分割してツッコむ――これらを意識するだけで、ぐんと伝わりやすくなります。

セリフの変化

ツッコミは、同じようなセリフを繰り返していてはいけません。多いのが、指摘するだけの単調なツッコミが続くパターンです。

【悪い例】

先輩　「おまえ、ずいぶんと機嫌がいいな、今日。浮気相手となんかいいことあったのか？」

あなた「してませんよ、浮気なんか！　私は妻一筋ですよ！」

先輩　「そういうこと言う奴に限って、陰で浮気してるからな」

あなた「してませんよ、浮気なんか！」

上司　「あ、おまえ、浮気してんの？」

あなた「してませんよ、浮気なんか！　部長まで何おっしゃるんですか！」

上司　「もうすぐ出るボーナスも、どうせ浮気相手との海外旅行に使うんだろう？」
あなた「使いませんよ、そんなことに！」
先輩　「俺と部長も、一緒にオーストラリアに連れて行ってくれよ？」
あなた「だから使いませんよ、そんなことに！」

第四章でご紹介したように（83ページ）、ツッコミには一〇種類の「型《かた》」があります。相手のボケを輝かせるために、ボケに応じて種類を変えていく必要があります。

【良い例】
先輩　「おまえ、ずいぶんと機嫌がいいな、今日。浮気相手となんかいいことあったのか？」
あなた「コラー！　浮気なんかしてませんよ！　私は妻一筋ですよ！」←擬音ツッコミ
＋指摘ツッコミ
先輩　「そういうこと言う奴に限って、陰で浮気してるからな」

あなた「毎日すぐ帰ってますよ、私！　帰りに毎日妻の好きなプリン買って帰るんですから！」←倒置ツッコミ＋広げるツッコミ

上司「あ、おまえ、浮気してんの？」

あなた「そうなんですよ、ってなんでなんですか！　部長まで何おっしゃるんですか！」←ノリツッコミ

上司「もうすぐ出るボーナスも、どうせ浮気相手との海外旅行に使うんだろう？」

あなた「海外行けるほどありましたっけ、うちのボーナス⁉　いい犬一匹買えるか買えないかぐらいの金額でしょ⁉」←疑問ツッコミ＋たとえツッコミ

先輩「俺と部長も、一緒にオーストラリアに連れて行ってくれよ？」

あなた「すいません、用事思い出したので仕事戻りますわ！」←すかしツッコミ

ありふれた日常会話でも、このようにツッコミの種類を変えていくと、キレが出て楽しい会話になります。

ツッコミを使い分けるのは、出川哲朗《でがわてつろう》さんやアンジャッシュの児嶋さんがうまいです。

共演者にいじられたら、多様なツッコミを使って、いじってきた相手を喜ばせます。もちろん、番組の観客や視聴者も楽しんでいます。

昼休みやお酒の席など、くだけた場所で冗談半分にからかわれることがありませんか？ご紹介した会話例も、目上の人たちがいじってきています。この時、うまくツッコミを使い分けたら、いじったほうはいじりがいがあります。「またいじってやろう！」と思い、結果として人間関係が円滑《えんかつ》になるのです。

部下や後輩の仕事にツッコむ時も、似たようなセリフを繰り返しているだけでは響きません。指摘するだけではなく、怒りすぎたと思ったら、たとえツッコミでユーモアを出して怒りを緩和したり、逆に強く反省を促《うなが》したい時は、あえてすかしツッコミをして冷たくしてみたりと、セリフが単調にならないように工夫しましょう。

拾えているか

会話のなかに明確な違和感があれば、それをきちんと拾ってツッコんであげなければなりません。よくあるのが、会話の他の部分に気を取られてしまい、気づかずにスルーしてしまうケースです。

【悪い例】

先輩「聞いてくれよ。部長に、急に残業を命じられたんだよ」

あなた「最悪ですね」

先輩「おまえ、俺と代わってくれよ。俺には、病弱な妹と弟と母親と猫がいるんだよ」

あなた「無理ですよ！　私も今日、飲みに行く約束があるんで！」

先輩「おまえはいいよ、仕事ができるからさ。俺みたいなダメ人間は、雑用ばっかりやらされるんだよ。かわいそうだと思って、今日の残業代わってくれよ？」

あなた「無理です！　あきらめてください！」

この会話例では、相手の依頼を断わるのに必死で、他の部分に意識がいっていません。

無理なお願いをされたとしても、違和感があれば、拾ってきちんとツッコんであげるのが愛情です。

会話例のなかに、ツッコむべき違和感が複数あったことにお気づきでしょうか？

ひとつ目は、「俺には、病弱な妹と弟と母親と猫がいるんだよ」のくだりです。病人の人数が多すぎて不自然ですし、猫を入れていることからも、いかにも嘘くさいです。まず、ここにツッコまなければなりません。

ふたつ目は、相手が「俺みたいなダメ人間は」と自分で言っているところです。仮に本当にダメ人間の先輩だったとしても、後輩として、そこは訂正してあげなければなりません。

【良い例】
先輩　「聞いてくれよ。部長に、急に残業を命じられたんだよ」
あなた「最悪ですね」
先輩　「おまえ、俺と代わってくれよ。俺には、病弱な妹と弟と母親と猫がいるんだよ」

あなた「変な嘘つかないでくださいよ！　他の人をあたってくださ い！」
先輩　「おまえはいいよ、仕事ができるからさ。俺みたいなダメ人間は、雑用ばっかり
　　やらされるんだよ。かわいそうだと思って、今日の残業代わってくれよ？」
あなた「無理です！　それに先輩はダメ人間じゃないですよ！」

さらに一歩踏み込んで、「俺には、病弱な妹と弟と母親と猫がいるんだよ」のくだりを別の角度からツッコむこともできます。飼い猫が病弱だったとしても、残業を代わってもらえる理由にはなりにくいでしょう。相手の嘘にツッコんだあとに、「それと猫のことまでは知りませんよ、さすがに！　かわいそうですけど、そんな理由で残業は代われませんよ！」と、その違和感も拾ってツッコめるわけです。

意図的なボケではなくても、拾えるところはすべて拾っていくべきです。上司が仕事で無茶な要求をしてきた時でも、言われたことだけにツッコむだけでは、相手の理不尽《りふじん》さを浮き彫りにすることはできません。

【悪い例】

上司　「先週おまえに頼んだ案件、一週間でやれと言ったけど、やっぱり二日で終わらせてくれ」

あなた「無理ですよ、二日なんて！　一週間でやるつもりで準備してたんですから！」

こういった時にオススメなのは、広げるツッコミです。広げるツッコミは笑いを取りにいくものですが、これを応用して、相手がどれだけ〝無茶ぶり〟しているかをツッコミを使ってわからせるのです。

【良い例】

上司　「先週おまえに頼んだ案件、一週間でやれと言ったけど、やっぱり二日で終わらせてくれ」

あなた「二日⁉　あのややこしい案件を二日でやるんですか⁉」←疑問ツッコミ

上司　「そうだ」

あなた「できるわけないでしょ！　朝まで残業しないと無理ですし、営業部との調整はどうするんですか⁉　向こうも一週間後ということで動いてますけど、まさか営業の社員まで朝まで残業しろっていうんですか⁉　そもそも、今年になってから全然残業手当ついてませんけど、そのへんはどうなってるんですかね⁉」

↑広げるツッコミ

このように、多角的に見て拾い上げた違和感を、どんどん広げていきます。自分以外の人間にまで言及したり、相手の痛いところをついたりと、相手にわからせるようにツッコむのです。指摘ツッコミでさらっと文句を言うよりも、広げるツッコミでまくしたてたほうが熱意が伝わります。上司は意見を変えてくれるかもしれません。

もちろん、相手は目上の人です。ツッコみすぎると角が立つのですが、言いすぎたと思えば、途中で「って、言いすぎですね、私。失礼しました！」とセルフツッコミを入れれば、毒気も緩和されます。

たとえるもの

たとえツッコミを入れる際、あなたは次のようなたとえをしていないでしょうか？

【悪い例】
部下「はじめまして。中途採用で入社しました○○と申します」
あなた「よろしくね。ところで君、すごく背が高いよね」
部下「よく言われます」
あなた「ダルビッシュ（有《ゆう》）をすこし縮《ちぢ》めたぐらいじゃないか？」
部下「それぐらいありますかね」
あなた「脚《あし》も長いよね。速水《はやみ》もこみちも真《ま》っ青《さお》だよ！」

この会話に出てくるたとえツッコミは、人間を人間でたとえています。たとえツッコミは、同種のものでたとえたらウケにくいです。意外性がまったくないからです。
ここでもう一度、プロの芸人のたとえツッコミを見てみましょう。

・背の高い芸人に↓「でかっ！　業務用冷蔵庫と同じ大きさしてる！」
・中身のない会話をしている芸人に「会話が薄っぺらすぎるよ！　ふぐ刺しか！」
・一発ギャグがスベった芸人に↓「おまえ、ようそんなギャグ出せたな！　陶芸家やったら割ってるヤツやで！」

どれも、同種のものではたとえていません。人間の見た目や行為からキーワードを抜き出し、家電製品だったり、食べものだったり、職業だったり、別種のものでたとえています。まったく別のものでたとえるからこそ意外性があり、おもしろいのです。

なにより、同種のものでたとえると、笑わせようとしたかわかりにくいです。背の高い人を背の高いダルビッシュ投手でたとえても、笑うところかどうか釈然としません。その点、別種のものでたとえると、「ここ笑うところですよ！」と、浮き彫りになります。

【良い例】
部下　「はじめまして。中途採用で入社しました○○と申します」

あなた「よろしくね。ところで君、すごく背が高いよね」
部下「よく言われます」
あなた「トーテムポールぐらいある?」
部下「さすがにそこまではないです!」
あなた「脚も長いよね。脚の比率、完全にフラミンゴだよね」
部下「そこまで長くないですよ!」

フレーズのレベルは悪くないのにウケないのは、同種のものでたとえている場合が多いです。常に別種の何かでたとえることを意識してください。

ボケとのつりあい

意図的なボケに対しては、普段より大きな声を出してツッコんでも問題ありません。ただし、そのボケが大きくない場合、正確には、それほど非常識ではない場合は、大声を出す必要はありません。なぜなら、たいして非常識でもないボケに大声を出してツッコむと、ボケのレベルとツッコミのテンションがつりあわず、ツッコミだけが浮いてしまうからです。

たとえば、上司に「オフィスのデスクが汚いから片づけろ」と注意されたとします。上司が「これは捨てろ、これも捨てろ」と指示するなかで、大事な資料それこそ稟議書《りんぎしょ》を捨てろと言われたら、冗談とはいえ、それは大ボケです。「これはいるでしょ！」と大声でツッコんでも問題ありません。いっぽう、普通のボールペンを捨てろと言われた時に、「これはいりますよっ！」と稟議書の時のようなテンションでツッコんだら、おかしいわけです。

部下や後輩のミスにツッコむ時も同じです。仕事の些細《ささい》なミスに声を張って怒ると、「そんなに怒ることかよ」と思われてしまいます。逆にシャレにならないミスなのに、普段の声のトーンでツッコんでいてはおかしいでしょう。

ツッコミの声は、ボケの非常識さのレベルに合わせた大きさにしなければなりません。その時、声の強弱の基準になるのは、「常識からの距離」です。

さきほどの例で言えば、食べ終えたパンの袋、ティッシュの空箱、剝《は》がれた付箋《ふせん》などが片づけるべきものでしょう。その常識を裏切り、本来捨てるべきではないものを捨てさせようとしたら、それは非常識です。常識から離れすぎているものほど非常識さが大きくなり、ツッコミの声は、次のような非常識度に合わせて大きくしていきます。

非常識度★　　ボールペン、ノート、まだ中身が入っているペットボトル
非常識度★★　　マウス、ビジネス書、慰安《いあん》旅行で撮《と》った写真
非常識度★★★　　パソコン、印鑑、稟議書

捨てさせようとした慰安旅行の写真が、もし愛する家族と撮った写真であれば、非常識度が上がるでしょう。このあたりの感覚は、数をこなせば体で覚えていきます。

プロの芸人ともなると、たくさんのツッコミ経験から、そのへんを皮膚《ひふ》感覚でつかんでいます。一度、バラエティ番組や漫才を、ツッコミの声の大きさに注意しながらご覧になってください。どのツッコミも、ボケの「常識からの距離」によって声に起伏《きふく》をつけていることがわかります。

話の腰を折る

ツッコむ感情が先走って、相手の話をきちんと聞けない人がいます。多いのが、ツッコミで話の腰を折ってくるケースです。

【悪い例】

同僚「ちょっと聞いてくれよ」

あなた「どうしたんだよ」

同僚「こないだマンホールに落ちた話なんだけど」

あなた「嘘つけよ！」

同僚「本当だよ！　こないだ本当にマンホールに落ちたんだよ！」

あなた「嘘つけって！　落ちるわけないだろ、そんなところに！」

この会話では、相手は自分がマンホールに落ちた話を聞いてほしいわけです。順を追って説明しようとしているのに、いきなり「嘘つけよ！」と否定されたら、続きを話す気がなくなってしまいます。

怪談話も同様です。誰かが「こないだ幽霊見たんだよ」と言うと、いきなり「嘘つけよ！」とツッコむ人がいます。話の途中でも、「そんなことありえないだろう！」「何かの見まちがいじゃないの？」などと邪魔《じゃま》してくるのですが、こんなツッコミを入れられて話す気がするでしょうか？

「人志松本のすべらない話」という人気トーク番組があります。芸人が話すおもしろいエピソードばかりに目を向けがちですが、あの番組では、話を聞く側の芸人の態度もすばらしいです。

彼らは、適度に相槌《あいづち》を打ち、邪魔にならない程度に合いの手を入れ、最後までじっくりと話を聞きます。出演者が耳を疑うようなエピソードを話し始めても、序盤で「嘘つけよ！」とツッコむ芸人などいません。話を聞き終えてから、「本当かよ！」「信じがたい話だな！」などとツッコみます。聞く側の姿勢がすばらしいからこそ、話す側も気分よく話せるわけです。

【良い例】

同僚「ちょっと聞いてくれよ」
あなた「どうしたんだよ」
同僚「こないだマンホールに落ちた話なんだけど」
あなた「マジかよ！　で、どうなったんだよ？」
同僚「通勤途中だったんだけど、雨が降っていて視界が悪くて、マンホールの蓋《ふた》が開いてたことに気づかなくてさ」
あなた「よくあるよな、そういうの！」
（中略）
同僚「――というわけで、本当に生きてる心地がしなかったよ」
あなた「信じがたい話だな！　俺も気をつけないと！」

ツッコミで話の腰を折ってくるのは、エピソードトークに限ったことではありません。
日常会話のなかで、あなたは次のようなツッコミをしていないでしょうか？

【悪い例】
妻「ちょっと聞いてよ」
夫「どうしたんだよ」
妻「ダイエットを始めようと思って、スポーツジムに行こうと思ってるんだけどさ」
夫「どうせ続かないんだからやめとけよ！」

この会話でも、妻は自分の話を夫に聞いてほしいわけです。体重は現在これぐらいあって、ジムの費用は月いくらでなどと事情を説明し、そのうえで夫に意見を求めようとしています。それなのに、いきなり否定されたら、テンションが下がって話す気がなくなってしまうんですね。

「人の話が聞けない」「いつも一言《ひとこと》多い」などと言われる人は、このようなツッコミをする人が多いです。このケースでも、妻に最後まで言わせてあげて、ツッコむなら話を聞き終えたあとに、「個人的にはどうせ続かないと思うからやめたほうがいいと思うけどね」

とツッコむべきでしょう。それが聞く側の最低限の礼儀であり、会話は相手あってのものであることを忘れてはいけません。

絶好のチャンスを逃《のが》す

ツッコミの一〇種類ある「型」のなかで、どのボケにどのツッコミがベストなのかを瞬時に判断するのはなかなか難しいです。しかし、なかには「このボケにはこのツッコミしかない！」と断定していいケースがあります。ボケにバチッとはまるツッコミがあり、たとえば次のようなケース。

【悪い例】

上司　「じゃ明日、悪いけど休日出勤頼むな」
あなた「わかりましたよ。嫌ですけどやりますよ」
上司　「そんなこと言うなよ。じゃ明日、来てくれるかな？」
あなた「なんで『笑っていいとも！』なんですか！　番組も終了してますし！」

オーソドックスな指摘ツッコミですが、これではダメです。ここは、完全に「いいともーって、なんで『笑っていいとも！』なんですか！」とノリツッコミするところです。「ここで乗らないで、いつ乗るの？」というぐらいの絶好のチャンスであり、ボケた上司もそのツッコミを期待しているフシがあります。その期待を裏切れば、上司は落胆してしまうでしょう。

他にもよくあるケースで、自分の好きなものの話になると、とたんに饒舌《じょうぜつ》になる人がいます。好きな映画、漫画、小説……周りの空気も読まず、延々と誰も興味のない話をしゃべり続けるのですが、「誰も興味ねぇんだよ、そんな話！」とストレートに指摘してはいけません。周囲が引いている空気をつかんだら、ここはもう、すかしツッコミしかありません。

【良い例】

後輩　「――とにかくかわいいんですよ、そのキャラが。で、同じ作者の原作のアニメが他にもあって、僕はそのDVDを全部持ってるんですけど、三話目に出てくる美香ってキャラがまた無茶苦茶なんですよ。料理が下手で周りの迷惑もおかまいなしに好き勝手に作るんですけど、それがなんか憎《にく》めなくて逆にかわいいんですよね、先輩はそのへんどう思います?」

あなた「お祓《はら》い行くべきじゃないかな、君は。何かに取《と》り憑《つ》かれてるようだから、今すぐお祓いに行ってきたほうがいいよ」

なかでも、セルフツッコミの絶好のチャンスを逃している人は多いです。朝礼のスピーチでスベったり、結婚式のスピーチでスベったり、講演やセミナーの「つかみ」として笑えるエピソードを用意してきたもののがっちりスベったり……。こんな時は、次のようなセルフツッコミを入れてください。

「がんばって準備してきたのに全然ウケなかったようで」

「すいません、ここ笑うところなんですけど?」

「すいません、変な空気にしてしまって」
「ハァ。気を取り直して続きいきます」

スベった時は、逆にチャンスです。勇気を出して自虐的なセルフツッコミを入れれば、その発言で笑いを取れる可能性は十分にあります。

私もその昔、講演の冒頭で、用意していたつかみがシャレにならないレベルでスベってしまったことがあります。「シーン」という擬音が聞こえてきそうなほどのスベり方で、開き直った私は、一《いち》か八《ばち》か「聞こえてますよね?」と客席にツッコんだところ、大ウケしました。

そのボケに合ったツッコミがバチッとはまれば、リターンは大きいです。経験を積みながら、体でどんどん吸収していってください。

以上、アマチュアの方に多いミスを、順番にご紹介してきました。ご指摘した問題点に注意していただき、次章ではいよいよ実戦に入ります。すばやく、正確に、おもしろく——この三つの言葉を念頭に置いて、キレのあるツッコミを習得しましょう。

第七章

ツッコミ練習問題

問題❶「忘年会」

本章では、ここまでご紹介してきたことを踏まえて、問題を提示します。問題を解くことで、自分の「ツッコミ力」を試すと共に、実力を養《やしな》ってください。問題は、ツッコむ部分を○○○○！としていますので、そこに入れるツッコミを考えてください。

最初の問題は、「忘年会」です。年末に、上司と部下が一緒に居酒屋《いざかや》にいるところを想像しながら、ツッコんでください。

上司　「じゃ、全員がそろったところで乾杯《かんぱい》するか」
あなた「そうですね！」
上司　「今夜は無礼講《ぶれいこう》だから、みんな遠慮しないでどんどん飲めよ。心配しなくても、支払いは全部、こいつ（あなた）だから！」
あなた「**○○○○！**」←**ツッコミ①**
上司　「乾杯の音頭《おんど》は、山田が取れ。おまえは今年入社したばっかりなんだから、いろいろと言いたいことがあるだろう？」

部下「いいですよ部長、そんなの！」
上司「いいから言えよ。おまえの音頭で今年を締《し》めてくれよ」
部下「わ、わかりましたよ。では僭越《せんえつ》ながら、私が乾杯の音頭を取らせていただきます。えーと、えーと。ちょっと待ってくださいね。何を言おうかな。えーと、えーと」
あなた「○○○○！」↑ツッコミ②
上司「あぁ、うまい！　こうやってうまいビールを飲むと、また来年もがんばろうって気になるわ！」
あなた「おっしゃる通りですね！」
上司「みんな、あけましておめでとう！」
あなた「○○○○！」↑ツッコミ③
上司「おまえ、さっきから俺に強くツッコみすぎだろう？　何様《なにさま》だよ、おまえ？」
あなた「○○○○！」↑ツッコミ④

まずツッコミ①ですが、オーソドックスにいくなら、次のようなツッコミになります。

「なんで私が払うんですか！　お金ないですよ、私！」↑指摘ツッコミ

「コラー！　勘弁してくださいよ、部長！」↑擬音ツッコミ

もしくは、「なんで私が払うんですか！」と指摘したあとに、補足説明で「この場で一番偉い部長が支払ってくださいよ！」と、茶目《ちゃめ》っ気《け》たっぷりにツッコんでもいいでしょう。そのツッコミをきっかけに、「俺も金がねぇんだよ」「だったら言わないでくださいよ！」といった感じで、楽しいコミュニケーションが取れるかもしれません。

次にツッコミ②ですが、ここでは「早く言えよ！」と指摘ツッコミを入れてはいけません。ここはもう、あのツッコミの絶好のチャンスです。

「かんぱーーーい！」↑すかしツッコミ

こうやってすかしツッコミにすれば、笑いが取れる可能性は高いです。ただし、間《ま》が悪くならないように注意してください。すぐにツッコむのではなく、部下がある程度セリフに詰まるのを確認してから、ズドンと投げ込んでください。

続いてツッコミ③ですが、これはとんでもない大ボケです。意図的な大ボケには、声を張った大きなツッコミで返して問題ありません。次のような感じで、ガンガンにツッコんであげてください。

「まだ年明けてませんよ！　お坊さんはまだ鐘《かね》を撞《つ》く棒すら握ってないですよ！」←**指摘ツッコミ＋たとえツッコミ**

「おめでとうございまーす、ってコラ！　まだ年明けてないですよね⁉　明けてるんだったら、お年玉代わりにここの支払いお願いしますよ！」←**ノリツッコミ＋疑問ツッコミ＋広げるツッコミ**

もしくは大ボケであることを逆手に取り、すこしだけ間を取って「……部長、もう酔われてますか?」と、すかしツッコミでいくのもいいでしょう。

そして、最後のツッコミ④です。あなたの度重《たびかさ》なるツッコミに、空気の読めない上司が文句を言ってきました。ここで問われるのは、拾う能力です。ご紹介した会話を、もう一度じっくりと見てください。きちんと拾えていれば、ここは次のツッコミがすっと出てくるはずです。

「さっき、今夜は無礼講だって言ったじゃないですか!」↑指摘ツッコミ

このツッコミなら、上司は言い返せないはずです。「こりゃ一本取られたな!」と頭をかくことでしょう。

問題❷「説明」

仕事上の説明が下手な人がいます。二問目は「説明」です。要領を得ない説明をする上司に、部下としてツッコミを入れてください。

上司「提出してくれたこの資料、気になるところがあるんだけど」
あなた「どういうことでしょうか？」
上司「なんかさー、全体的にもやっとしてるんだよね。もやっとしてるから、ぐっと刺さらないというか。もうすこしガツンと来る書き方できないかな？」
あなた「〇〇〇〇！」←ツッコミ①
上司「作り込みが浅いっていうか、深みがないっていうか。全体を見渡してもっとメリハリをつけるべきだと思うんだよね。ま、メリハリをつけすぎても焦点がぼやけて困るんだけど」
あなた「〇〇〇〇！」←ツッコミ②
上司「一生懸命作ったのはわかるんだけど、データの説得力があまり感じられないんだよね。数字を出すのはいいんだけど、他の業者とアライアンスを組むわけだし、ソリューションパッケージとしてはどうかなぁ」
あなた「〇〇〇〇！」←ツッコミ③

上司　「まぁでも、わかる人にはわかるか。それほど神経質になる必要はないかもしれないけど、個人的には作り直したほうがいい気がしないでもないけどね」

あなた「○○○○！」↑ツッコミ④

話がまとまっていないのに話し始める、話が抽象的、先に結論を言わない、難しい横文字を使ってくる、途中で意見が変わる……説明が下手な人は概《おおむ》ね、こういった傾向があります。これが部下や後輩だと、「説明がわかりにくいんだよ！」とストレートに指摘ツッコミできますが、上司にそんなツッコミをするわけにはいきません。

目上の人の話が理解できない時は、疑問ツッコミが効果的です。ツッコミ①は、次の疑問ツッコミがオススメです。

「と、おっしゃいますと？」↑疑問ツッコミ

このツッコミは、あなたの言っている意味がわからない、というニュアンスが弱いで

す。失礼を与えずに相手の至らなさを指摘でき、やんわりと指摘された相手は、機嫌を損《そこ》ねずに自分のおかしさに気づきます。今度はていねいに言い直してくれるのです。

「失礼ですけど、もう一度おっしゃってもらえないでしょうか？」とツッコむのは、やや角が立つうえに、言葉数が多くてまどろっこしいです。その点、「と、おっしゃいますと？」なら、テンポよく聞き直せます。また、滑舌《かつぜつ》の悪い人にも、この疑問ツッコミを使えば嫌な顔をされません。

それでも話が見えない場合、特に話が抽象的で理解できない時は、一歩踏み込んだツッコミを入れます。ツッコミ②は、次のように入れてください。

「なるほど。念のため、具体的な例を挙げていただけないでしょうか？」←**疑問ツッコミ**

このツッコミは、まず「なるほど」と納得している姿勢を見せています。そのあとに「念のため」とつけることで、相手に非《ひ》がある感じをいっさい見せません。悪気《わるぎ》なく具体性を求められるわけです。

続いてツッコミ③ですが、話がまだ抽象的で見えないうえに、今度は難しい横文字を使われました。ここでは、相手の話を自分で通訳した疑問ツッコミがオススメです。

「なるほど。要するに、〇〇〇ということですね？」←**疑問ツッコミ**

指摘が的確であれば、相手も「そうそう」と納得してくれます。こちらが具体性のある実例を添えて通訳すれば、理解した相手は説明を補足してくれるでしょう。これらの疑問ツッコミを、状況に応じて単調にならないように使い分ければ、たいてい相手の話は理解できます。

しかし、それでも理解できない、ツッコミ④のような散々《さんざん》わかりにくい説明をしておきながら最終的に意見がブレるケースは、もう言葉ではなく、リアクションでわかってもらうしかありません。

そういった場合に、私はよく、相手から目を逸《そ》らして沈黙します。眉間《みけん》に指を添えて、理解しようと考え込んでいるポーズを取ります。相手の説明がわかりにくいことに、リアクションツッコミを入れるのです。やりすぎると失礼になるものの、こういったリアクションツッコミをさらっと入れれば、相手はさすがに自分のほうに非があることに気づきます。ていねいにきちんと説明し直してくれるでしょう。

問題❸「商談」

三問目は「商談」です。クライアントとの打ち合わせに、入社してまもない社員を連れて行くことになりました。頼りない若い社員に、うまくツッコミを入れてください。

あなた「——というのが、プランAになります。大変リーズナブルなプランで、非常にオススメです。山田はどう思う？」

部下「いいと思います！」

あなた「——というのが、プランBになりますね。こちらはやや値《ね》が張りますが、長期的に見ればプランAよりもお得なプランとなっております。山田はどう思う？」

部下　「すばらしいと思います！」

あなた「――というのが、プランCになります。なんと言っても、サービスのきめ細かさがプランCの特徴ですね。なぁ、山田？」

部下　「いいと思います！」

あなた「君、さっきから似たようなことばっかり言ってるよね。**〇〇〇〇じゃないんだからさ！**」↑**ツッコミ①**

（中略）

あなた「――かしこまりました。では、プランCで話を進めてまいります。しかし、クライアントが御社で助かりました。ご決断のスピードが速くて、ありがたいです。なぁ、山田？」

部下　「私もそう思います！」

あなた「ホント、われわれは恵まれてます。ここだけの話、他の取引先なんてひどいですよ。なぁ、山田？」

部下　「私もそう思います！」

あなた「〇〇〇〇〇！」↑**ツッコミ②**
部下「すいません！」
あなた「別に謝《あやま》らなくてもいいけど、もうすこし自分の意見を言おうよ。たとえば、
　　プランDについてはどう思ってるんだよ？」
部下「いいと思います！」
あなた「〇〇〇〇〇！」↑**ツッコミ③**

慣れない商談に緊張して、若い部下は同じようなセリフしか言えません。その非常識さを正すと同時に、部下の緊張を和《やわ》らげられるツッコミを目指します。かつ、緊張感のある商談独特の空気をほぐすために、おもしろいツッコミでクライアントをプッと噴き出させられればベストでしょう。

これらを踏まえて、まずツッコミ①ですが、部下の発言から「同じような言葉を繰り返す」というキーワードを抜き出し、たとえツッコミを入れます。カレーを思いついてカレーじたいを変えるか、カレーを思いついてビーフシチューに変えるか（138ページ）――こ

の法則に則《のっと》ってオーソドックスにいくなら、次のようなたとえツッコミになるでしょう。

「安物《やすもの》のロボットじゃないんだからさ！」↑**たとえツッコミ**

「ロボットじゃないんだからさ！」ではベタすぎてウケにくいので、カレーじたいを変えてみました。もしくは、カレーからビーフシチューに変えることを念頭に置いて、次のようにしてもいいと思います。

「カーナビじゃないんだからさ！」↑**たとえツッコミ**

カーナビも似たようなセリフを繰り返すので、部下もクライアントも共感できるでしょう。意外性を強めるために、一歩踏み込んだ言い回しで、「カーナビを意識してるわけじゃないよね？」と疑問ツッコミにしても、おもしろいでしょう。

続いてツッコミ②ですが、ツッコミ①で指摘したにもかかわらず、再び同じようなセリフを繰り返しました。全然反省していないことから、次のように、強めにツッコんでください。

「俺の話聞いてた⁉　似たようなことばっかり言うなって、さっき注意したよね⁉」←**疑問ツッコミ**

「……なんか変な宗教入ってるの？　『繰り返し教』かなんかの信者なのかな、君は？」

←**すかしツッコミ＋広げるツッコミ**

指摘ツッコミや疑問ツッコミを使う時は、勢い込んでツッコんでください。セリフを被《かぶ》し気味にツッコむと、あきれていることを強められます。相手の非常識さが際立ち、笑いが増幅されるのです。

そして散々注意してきたにもかかわらず、部下は最後にまた「いいと思います！」と同じようなセリフを言いました。ツッコミ③はそのことを踏まえて、次のようなツッコミをズドンと投げ込んでください。

「わざと言ってないか、もう⁉」↑**疑問ツッコミ**

この疑問ツッコミは、今までで一番大きな声でツッコんでください。ツッコミ①の段階では、相手はまだそれほど非常識ではありません。その段階で声を張りすぎると、ボケのレベルとツッコミのテンションがつりあいません。注意したあとに同じミスを繰り返すと非常識さがどんどん大きくなり、それに合わせてツッコむ声のボリュームを上げていくのです。

こういったツッコミがうまく機能すれば、クライアントも笑ってくれるはずです。和やかな雰囲気《ふんいき》で商談を進められるでしょう。

問題❹「昼休み」

第二章でご説明した通り（43ページ）、ツッコミは、発言、行動、見た目、物、環境の五つにツッコめます。このことを踏まえて、四問目は「昼休み」です。

あなたは、若い部下とコミュニケーションを図《はか》るために、お弁当を手に、部下が集まっている会社の屋上に行きました。そこでいろいろなものにツッコんで、部下たちと親睦《しんぼく》を深めます。

【発言】
あなた「お疲れさま」
部下A「あ、お疲れさまです。珍《めずら》しいですね、主任がこんなところに来られるなんて？」
あなた「**○○○○！**」↑**ツッコミ①**

【環境】
あなた「しかし、風が強いな、この屋上は」
部下B「ですね」
あなた「これだけ風が強いと、**○○○○○するんじゃないか！**」↑**ツッコミ②**

【見た目】
あなた「あれ。おまえ、髪の毛短くしたんだ？」
部下C「そうなんですよ。できる営業マンに見せようと、さわやかにしてみました」
あなた「いい心がけだ。○○○○！」↑ツッコミ③

【物】
あなた「ところで君、おいしそうなお弁当だね」
部下D「ありがとうございます。毎朝、自分で手作りしてるんですよ」
あなた「偉いね。○○○○！」↑ツッコミ④

【行動】
あなた「君は、牛乳を飲みながら弁当を食べるの？」
部下E「そうなんですよ。牛乳が大好きなもので」
あなた「珍しいね。○○○○！」↑ツッコミ⑤

まず、ツッコミ①です。なんの変哲《へんてつ》もない会話ですが、部下からの問いかけに、「たまには、こういうところで弁当食べるのも悪くないと思ってね」と普通に返していては、そこでその話題は終わってしまいます。楽しい会話を展開するために、ここでは微笑《ほほえ》みながら、次のようなツッコミを入れてください。

「なんだよ。俺が来ちゃダメなのかよ？」←疑問ツッコミ

冗談半分にこうツッコむことで、「そんなことありませんよ！」と逆にツッコまれます。「そんなこと言って、本当は俺のこと嫌ってんじゃねぇの？」と続ければ、「そんなことないですって！」と返されて会話が広がるわけです。

次に、ツッコミ②ですが、ここでは環境にたとえツッコミを入れます。キーワードは「風が強い」で、ベタなのは「帽子も飛ばされるんじゃないか」あたりです。このベタな表現を基準にして変換させるか、もしくはたとえるジャンルを食べものに絞って考えるこ

とで、次のようなツッコミを入れてください。

「これだけ風が強いと、部長のカツラも飛ばされるんじゃないか⁉」↑たとえツッコミ

「これだけ風が強いと、ちらし寿司もすぐに冷めるんじゃないか⁉」↑たとえツッコミ

ツッコミ①とツッコミ②で、軽い笑いが二回取れました。「つかみ」としては上々《じょうじょう》で、あなたは部下たちに「おもしろい人」と認知されるわけです。

続いてツッコミ③ですが、「いい心がけだ」と褒めるだけではなく、そのあとに次のようにツッコむのがオススメです。

「もしかして、営業成績を伸ばして、俺を追い落とそうとしてる?」↑疑問ツッコミ

ユーモアたっぷりにこうツッコめば、「そんなわけないでしょ!」とツッコみ返されるでしょう。さらに「いや、おまえは俺を会社から追い出そうとしてるわ!」と冗談半分に

続ければ、「だから思ってませんって！」と、さらにツッコみ返されて話が広がります。
ツッコミ④も、会話下手な人は、「偉いね」だけで言葉が終わってしまいがちです。ツッコミ⑤も同様に、「珍しいね」だけでは、そこでその話題は終了してしまいます。指摘したあとに、どのようにしてツッコミを展開するかが相手とコミュニケーションを取るのに重要で、ここでは広げるツッコミを使って、話をどんどん広げていきます。

「偉いね。しかも、中身は本格的なおかずばかりじゃないか！　ブリの照り焼きなんて、よく朝から作るね！」←**広げるツッコミ**

「珍しいね。ご飯と牛乳は全然合わないと思うけど……。正直、俺だったら勘弁願いたいよ！　俺から言わせればそれ、赤だし片手にサンドウィッチ食うようなもんだよ！」←**広げるツッコミ＋たとえツッコミ**

こうして広げるツッコミを使えば、次の会話につながるフックがたくさんできます。発言、行動、見た目、物、環境——これらの違和感を見逃さないように意識すれば、若い部下とも打ち解けられます。

問題❺「接待」

最後はビジネスマン必読、「接待」です。仕事上の要求を通すために、取引先の社長を接待することになりました。絶対に失敗が許されない状況で、社長のボケにうまくツッコんでください。

あなた「社長、どうぞ上座《かみざ》へ！」
社長「すまないね。では、お言葉に甘えて奥に座らせてもらおうか。よっこいしょういち（横井庄一《よこいしょういち》）、と」
あなた「〇〇〇〇！」←ツッコミ①
社長「しかし、いい店だね」
あなた「ありがとうございます！」
社長「こんないい店で、宴会してもええんかい？」

あなた「○○○○!」↑ツッコミ②
社長「それにしても、この店は地酒の種類が多いね。俺はビール党だけど、たまには
　日本酒を飲んでみようかな」
あなた「いいですね！　何を飲まれますか？」
社長「そうだな。じゃ、この、じゅうしだい（十四代《じゅうよんだい》）をもらおうかな」
あなた「○○○○!」↑ツッコミ③
社長「ところで、綺麗どころはいるのかね、この店？」
あなた「もちろんですよ、社長！」
社長「変なの連れてきたら、承知しないぞ（笑）」
あなた「大丈夫です、お任《まか》せください！　最高なのを用意してます！」
社長「本当かね。うちの嫁よりも綺麗なんだろうね？」
あなた「○○○○!」↑ツッコミ④

接待は、なんらかの思惑《おもわく》があって行なうわけですから、いい店を選ぶのはもちろん、相

手に自分という人間を気に入ってもらわなければなりません。その後のビジネスにつなげるために、自分のイメージをよくするプラスアルファとして、会話のなかでツッコミをうまく機能させます。

このことを前提に、まずツッコミ①ですが、古臭《ふるくさ》いダジャレとはいえ、無視するわけにはいきません。かと言って、「久しぶりに聞きましたよ、それ!」「平成ですよね、今⁉」などと、否定のニュアンスがあるツッコミをするわけにもいきません。軽い愛想笑いで逃げるのが無難でしょうが、ここは思い切って次のようにツッコんでください。

「いきなり、いいのが来ましたね!」←指摘ツッコミ

このツッコミは、さらっと相手を褒めています。この「さらっと」がポイントで、そもそも「よっこいしょういち」は、その社長の持ちギャグではありません。つまらないうえにパクっているわけですから、絶賛するのはさすがに違和感があります。自然な感じで軽く褒めるぐらいがベターでしょう。

次にツッコミ②ですが、ここも愛想笑いで逃げるのではなく、きちんとツッコんであげたほうが印象がいいでしょう。とはいえ、ツッコミ①の流れに乗じて「連続でいいのが来ました！」とツッコむのは避けたほうがいいです。媚《こ》びている印象が強くなりますし、短いスパンで似たセリフを使い回していることから、適当にツッコんでいるように思われます。相手の鼻につく可能性があるので、ここは会話の勢いそのままに、次のようなツッコミがオススメです。

「ええんですよ、社長！　宴会やってもええんです！」↑**指摘ツッコミ**

このツッコミは、相手のボケを否定も肯定もしていません。ただし、相手のギャグゼリフを繰り返していることから、そのフレーズを気に入っていることがうかがえます。鼻につかない範囲で間接的に相手のボケを認めているので、社長はウケた気になれるのです。

続いてツッコミ③ですが、相手がお酒の銘柄《めいがら》を読みまちがえました。「それ、じゅうよんだいと読むんですよ！」とツッコむと、相手は恥をかかされたと思うかもしれません。

第二章でご説明した通り（52ページ）、ここは言葉の最後に絵文字をつけることを意識して、提案型のツッコミをします。

「社長。失礼ですけど、それ、じゅうよんだいと読むのではないでしょうか？・」←**指摘ツッコミ**

このツッコミだと、社長は恥をかかされたとは思いません。「あ、じゅうよんだいと読むのか、これ。へー」と機嫌よく返してくれるでしょう。

その場の空気を読んだうえで、社長のミスを逆手に取って、そのあとに「社長、ではこのじゅうよんだいを注文しますね。店員さん、じゅうしだいをください！」と、わざとまちがえてみるのもおもしろいかもしれません。「じゅうよんだいだよ！」と、今度は社長がツッコんできて、楽しい掛け合いを形成できます。

最後のツッコミ④ですが、これは非常に難しいです。「もちろんですよ！」とストレートにツッコめば、社長の奥さんが綺麗ではないことを認めることになります。かと言って、「社長の奥様には負けますよ！」と返すのも、おべんちゃら丸出しで白々《しらじら》しいです。「正直、互角《ごかく》ですね」ぐらいが無難なのでしょうが、ここまでお読みいただいた読者なら、あえて一歩踏み込み、次のようにツッコんでください。

「もちろん、ってもちろんじゃないです、失礼しました！」←ノリツッコミ＋セルフツッコミ

肯定一辺倒《いっぺんとう》ではなく、合間にこのような軽い毒をさらっと放つことで、愛嬌が出ます。相手も冗談半分に質問しているでしょうから、「ははは！　君は正直でいいね！」と笑ってくれるでしょう。表現方法に緩急《かんきゅう》をつけて、自分をうまく演出してください。

第八章

ツッコミ達人と、その奥義《おうぎ》

間《ま》でツッコむ

ダウンタウンの松本さんは、間《ま》の取り方が非常に巧《たく》みです。コントの間、トークの間、大喜利の間など、その状況に応じて、どの間がベストなのかを瞬時に判断し、実践します。かつて、共演者のボケがスベった際、松本さんは長い間を取り、次のようにツッコみました。

「…………………………えっ?」

これは、長い間を取ることで、「つまらないボケといえども、私は理解しようと努《つと》めましたよ」という姿勢を表現しています。そのうえで、「おまえ、マジでそんなつまらないことを言ったの? 正気なの?」という驚きを、「えっ?」という短い疑問ツッコミで本人に問いかけています。こうすることで、そのボケのつまらなさが際立ち、どれだけ考えてもつまらないボケだったと、他の共演者や視聴者に伝えているのです。

松本さんは、スベったボケに効果的である、リアクションツッコミやすかしツッコミを選択しませんでした。ここは、間を使ってツッコむのがベストであると瞬時に判断し、大爆笑をかっさらったのです。

長い間は、自分の気持ちを代弁してくれます。バラエティ番組でも、誰かの発言が明らかにスベった際、出演者全員が沈黙してシーンとすることがあります。あの間は、「あなたのボケがつまらなくてあきれています」という気持ちを代弁しています。要するに、間で「つまんねぇんだよ！」とツッコんでいるわけです。

学校の授業でも、生徒が騒がしい時に、怒らずに沈黙する先生がいたでしょう。あれは意図的に長い間を取ることで、「私は怒っていますよ！」という気持ちを表現しています。無言で「静かにしろ！」とツッコんでいるわけで、生徒からすれば、怒鳴られるよりも沈黙されるほうが怖いのです。

このような長い間を使って、上司の〝無茶ぶり〟に抗議することもできます。無茶ぶりしてくる上司には、高圧的に命令してくるタイプと、低姿勢で紳士的にお願いしてくるタイプがいます。

前者は第六章でご説明した通り（169～170ページ）、理詰《りづ》めでツッコむ広げるツッコミがオススメですが、後者の低姿勢で来る上司には、勢いよく反発しないほうがいいです。次の会話例のように、間を使ったツッコミで、自分のあきれや怒りを代弁してください。

上司「お疲れさま。仕事中に、急な話で大変、申し訳ないんだけど」
あなた「なんでしょうか、課長？」
上司「例のプロジェクトの件なんだけど、別件の雑務に人が足りていないから、悪いけれど、君ひとりでやってもらえないかな？」
あなた「……………………えっ？」
上司「例のプロジェクトを君ひとりに任せたいんだよ」
あなた「……………………あの大変なプロジェクトを、私ひとりでやれっていうんですか？」
上司「そうだ。大変だとは思うけど、お願いできないかな？」
あなた「……………………」
上司「……」

あなた「…………」
上司「た、頼むよ。私の顔を立てるつもりで、なんとかお願いできないかな？」
あなた「…………」
上司「……」
あなた「……………いやぁ、ちょっとそれは……」

連続する長い間は、無言で「ふざけんなよ、おまえ！」とツッコんでいます。上司はその無言のツッコミに、自分がいかに無茶なお願いをしているかに気づかされます。理屈でストレートに抗議するよりも、威力は絶大でしょう。

自分に注目を集めてから、ツッコむ

人気番組「アメトーーク！」では、出演者のトークが白熱して、収拾がつかなくなることがあります。そんな時、司会の雨上がり決死隊・宮迫さんはよく、こうツッコみます。

「ごめん、みんなちょっといいかな。一回落ち着こう!」

「みんな、落ち着け!」と叫ぶだけのツッコミと違って、「ごめん、みんなちょっといいかな」とエクスキューズを挟んでいます。このエクスキューズがあることで、トークしていた出演者だけではなく、番組の観覧客やテレビの向こうの視聴者も、「宮迫は何を言うんだろう」と注目します。注目を集めてからのツッコミなので、「一回落ち着こう!」というフレーズがよりおもしろく聞こえるのです。

同様のケースで、宮迫さんは他にも、「全員、いったん楽屋に戻ってもらっていいですかね?」とツッコんだりします。この時も、ツッコむ前に「すいません、みなさんちょっといいですか」とエクスキューズを挟んでいます。また、ふざけた発言をした出演者の頭を叩く時も、「カメラさん、一回止めてもらっていいですかね?」と言ってから、バシンと叩きます。

このように、ツッコミの達人は、よりおもしろく見せるために、視線を自分に引きつけてからツッコむのです。

社内会議のような討論の場ならば、「みなさん、ちょっとよろしいでしょうか」とエクスキューズを挟んでから、ツッコまれてはいかがでしょうか。やみくもに反論するよりも、参加者の注目が集まって、発言が引き立ちます。

同様のテクニックは、漫才でも使用されています。特にフットボールアワーの後藤さんは、巧みな技術を駆使して、観客の注目を自分に引きつけます。ヒーロー戦隊の主題歌を歌うというネタで、ボケ役の岩尾《いわお》望《のぞむ》さんが「確かにそうかもしれん！」と言ってから主題歌を歌い始めたのを見て、後藤さんは次のエクスキューズを挟みました。

「ちょっと待て待て待て待て」

これが下手なツッコミだと、「なんでいきなりセリフが入るんだよ！」と指摘ツッコミをして終わりです。後藤さんは、常識人である自分に一度注目を集めてから、「何か言うたな、今?」とツッコみました。観ている人に、「話を一度止めなければならないほどの大ボケなんですよ」と伝えることで、ボケの非常識さを際立たせているのです。

部下を叱責《しっせき》する際には、このテクニックは有効です。部下の言動にいきなりツッコむのではなく、「ちょっと待て、おまえ」とエクスキューズを挟めば、その場の注目が自分に集まります。そのうえでの叱責なので、部下の過《あやま》ちを強調できるだけではなく、周囲で見ている他の部下にも注意を促すことができるのです。

全員がツッコみ終えてから、ツッコむ

「アメトーーク！」「行列のできる法律相談所」など、現在のトーク番組は、複数段のひな壇《だん》に大勢の出演者が座って話す形式が主流です。誰かがおかしな発言をしたら、「われ先に！」とばかりにツッコむのですが、出演者が多すぎるため、ツッコミが他の人と重なってしまうことがあります。言葉が聞き取りづらく、せっかくの鋭い指摘がかすんでしまうのです。

そのことについて、フットボールアワーの後藤さんは、次のように話しています。

「ＦＵＪＩＷＡＲＡの藤本さんとかブラマヨ（ブラックマヨネーズ）の小杉さんとか、パーンと声通るやんか。みんな通る声でワーッていっせいに言うから、俺はみんなが言い終わったあとに言うようにしてんねん」

これは非常に理《り》に適《かな》った作戦で、セリフが被《かぶ》らないだけではなく、他に大きなメリットが四つあります。

まず、目立つことです。ツッコむ順番を最後にすることで、邪魔になるものは何もありません。自分が言いやすい最高の間《ま》で、一番目立つ形でクリアに発言が届くのです。

ふたつ目は、フレーズを考える時間ができることです。他の出演者がツッコんでいる間に、考える時間が数秒できます。気が利《き》いたたとえを考えられますし、先にツッコんだ人たちを見て、指摘の内容が同じにならないようにセリフを変更することもできます。

しかも、ツッコんだ芸人じたいの発言がおかしかったら、そこにもツッコめます。これが三つ目のメリットで、セリフを噛みながらツッコんでいる芸人がいたら、「言えてねぇだろ、おまえ！」とツッコめるわけです。

放たれたボケが大ボケだった場合、その場は笑い声に包まれます。その状況でツッコんでも、ツッコミの言葉は笑い声にかき消されてしまいます。そうならないように、プロのツッコミは笑い声がある程度落ち着いてから、いいフレーズを投げ込むようにしており、これをお笑い用語で「笑い待ち」と呼びます。

最後にツッコむようにすれば、結果として、この笑い待ちができたことになります。これが四つ目のメリットで、後藤さんは、自分のツッコミがより輝くように計算しつくしているのです。

人気バラエティ番組「ダウンタウンDX」でも、松本さんは、出演者のボケに最後にツッコむケースが多いです。司会の浜田さんがまずツッコみ、他の出演者が補足でツッコんだのを見てから、ツッコみます。ただでさえおもしろいツッコミなのに、最高の間合《まあ》い、かつ一番目立つ形でズドンと投げ込むので、松本さんが最後にウケを全部持っていった形になるのです。

会議などで上司が〝無茶ぶり〟してきた時も、まず他の人にツッコませておいて、最後にツッコむほうが効果的です。そのほうが目立ちますし、指摘する内容をじっくりと考えることもできます。さらに、先にツッコんだ人の発言に、「それはすこし言いすぎなんじゃないか」とツッコむこともできるわけです。

誰かとツッコミが重なった時も、自分は一度引き、他の人にツッコませてからツッコんでください。先にツッコんだ人の内容によっては、あえてツッコまないという選択肢も採れます。こうすれば、上司への敵意を隠せますし、後出しジャンケンのほうが何かと有利に話を進められるのです。

その人にだけわかるフレーズでツッコむ

くりぃむしちゅーの上田さんは、たまにマニアックなたとえツッコミをします。一例を挙げると、共演者の芸人がこぞって自分に頼り始めた際、「なんで俺はおまえらのエディ・タウンゼント的な立場なの？」とツッコみました。

エディ・タウンゼントさんは、数々《かずかず》の世界チャンピオンを育て上げた、ボクシングの名トレーナーです。しかし、知っている人は少ないでしょう。共感しにくく、このツッコミをした時は、スタジオに微妙な空気が流れていました。

上田さんは、他にも「姉が文句ばっかり言ってくる」と発言した俳優に、「『アルプスの少女ハイジ』のロッテンマイヤーさん的な？」とたとえました。これも、たまたま彼がそのキャラを知っていたからウケたものの、かなりマニアックでウケにくいでしょう。

しかし、逆に、それらを知っている一部の人間には、爆発的にウケます。「これを言うかな!」という驚きが、おかしさを加速させるからです。格闘技好きの私も、エディ・タウンゼントのツッコミを聞いた時は大笑いしました。

どうも上田さんは、一部の人たちを爆笑させるために、共感されにくいことを承知でコアなたとえをしているフシがあります。このことを応用して、どうしても〝落としたい〟相手には、その人だけがわかるフレーズでツッコめば、効果が高いわけです。

実は、テレビ業界には、漫画が好きな人が多いです。彼らを接待する時、私は気に入られようとして、漫画のマニアックなたとえを言います。

居酒屋で注文を頼みすぎた人が「北斗《ほくと》の拳《けん》」が好きだったら、「頼みすぎでしょこれ。サウザーのテーブルやないんですから」とツッコみます。「ドラゴンボール」が好きな人に「おまえ、もっと成長しろよ!」と怒られたら、「そんな短期間に人は変わらないですよ。サイヤ人やないんですから」とツッコんで相手を喜ばせようとします。いずれも、わかる人が限られるたとえですが、たとえがマニアックな分だけ、それを知っている相手へのウケはいつも大きいです。

相手が初対面ならば、会話をしながら、その人の趣味や嗜好《しこう》を探ってください。麻雀《マージャン》、釣《つ》り、プロレス……なんでもいいので、自分が知っていることであれば、たとえツッコミを使って相手に近づくことができます。「チャンスですよ！」とツッコむより、「リーチですよ！」「ルアー引いてますよ！」「早くカウントをお願いします！」とツッコむほうが喜ばれるわけです。

その人にだけわかるマニアックなフレーズでツッコめば、さらに効果は高いでしょう。相手に何かついていないことがあった時に、相手が釣り好きなら「運が悪いですね。釣り場に着いたとたんに、雨が降ってきた時みたいですね」とたとえます。プロレス好きなら、「手厳しい指摘ですね！　全盛期のジャンボ鶴田《つるた》のバックドロップなみに効《き》きますよ！」とツッコめば、より相手の心に響きます。

相手の予想を覆《くつがえ》してツッコむ

芸人だけでなく、芸能レポーターもツッコミ力に長《た》けています。熱愛報道や各種スキャンダルなど、癖《くせ》のある芸能人から本音を引き出すわけですから、ツッコミ力がないとできません。

ある芸能レポーターの方に、こんな話を聞いたことがあります。熱愛報道が持ち上がった芸能人に、映画試写会の終わりにインタビューをすることになりました。たくさんの報道陣が集まるなか、通常ならば、まず軽く世間話をして、その場の空気を温《あたた》めます。緩《ゆる》い話をして映画の感想を聞いてから、本題に入るのがお約束です。

ところが、彼はインタビューが始まり、「よろしくお願いします」と挨拶し終わった瞬間に、次のツッコミを投げ込みました。


「さっそくですが、○○さんとはどうなっているのでしょうか？」


相手からすれば、その質問が来ることは事前に予想しています。ただし、いきなり来るとは思っていません。てっきり映画の感想を答えてから質問されると予想していたことから、いきなりの鋭いツッコミに思わず動揺してしまうのです。

もちろん、動揺したからといって、本当のことをポロリと漏《も》らすほど相手はバカではありません。焦《あせ》りながらも否定したり、ごまかそうとしたりするわけですが、動揺するその姿はテレビカメラを通じて晒《さら》されています。彼の狙《ねら》いはまさにそこで、「口では否定しても、動揺しているその顔に本音が出る」と言うのです。

熱愛報道のインタビューでは、事実を否定されるケースが多いそうです。それを踏まえて、彼は、真偽《しんぎ》の判断は視聴者に委《ゆだ》ねたものの、動揺している顔を視聴者に見せれば十分と考えたのです。これは、ツッコミで相手の予定調和を崩したことで、間接的に本音を引き出したわけです。実に緻密《ちみつ》に練られた戦略と言えるでしょう。

取引先と交渉する時も、相手側は、いきなり本題から入るとは思っていません。「今日は寒いですね」「いい天気ですね」といった緩い雑談から入ることを予想しているでしょうから、席に着いていきなり「ところで、あの件はどうなっているんですかね？」などとツッコまれたら、確実に動揺します。

特に価格交渉の場などは、腹《はら》の探り合いです。それこそ一回目、二回目の交渉は世間話を中心に、まず緩い話をする姿を見せておき、勝負がかかった三回目にいきなり「ひとつ二〇〇〇〇円でお願いできないでしょうか？」と本題に入られたら、相手は予想を覆されてびっくりするでしょう。動揺する顔から本音を見抜き、交渉を有利に進められます。

空気が変わった瞬間にツッコむ

「緊張と緩和」と呼ばれる、お笑いの理論があります。緊張しているものが緩むからこそ笑いが起きるというもので、落語家の桂枝雀《かつらしじゃく》さんが提唱されました。

たとえば、普通の人が道で転ぶより、偉い政治家や大企業の経営者などが転倒するほうが見ていておかしいでしょう。政治家や経営者には、普段からきちんとしていなければならないという、「緊張」の文脈があります。道で転ぶと、その緊張が緩みます。普段との落差が一般人よりも大きく、よけいにおかしく感じられるわけです。

足が痺《しび》れている人を見ても、とりたてておもしろく感じられませんが、その場がお葬式ならば話は別です。厳粛《げんしゆく》にしなければならない場所（＝緊張）で、正座をしすぎて足が痺れている人を見る（＝緩和）と、落差が大きくておかしく感じられるのです。

「緊張と緩和」理論は、その場の空気と密接に関係しています。要するに、場が緊張している状況でボケれば、ウケが大きくなるわけです。ただし、緊張した雰囲気のなかで行なうと、空気が読めていなくて最悪です。ツッコミの達人は、緊張と緩和を念頭に置きながら、緊迫した空気が変わった瞬間にツッコミを入れてきます。

ダウンタウンの松本さんがコメンテーターで出演している「ワイドナショー」という番組がありますが、ワイドショーだけに、堅いテーマもあれば緩いテーマもあります。

海外紛争をテーマに討論した際、スタジオには緊迫した空気が延々と流れていました。笑いは皆無《かいむ》に近かったのですが、司会者が話をまとめて、次のテーマに行こうとした時のこと。過去に不倫問題で話題になった共演者を捕《つか》まえて、松本さんが「すごいですね。○○さんのこんなまじめなところをはじめて見ました」とコメントしたところ、軽い笑いが起きました。松本さんはその直後、海外紛争に絡《から》めて、次のツッコミを入れました。

「恋愛には国境を持たない人なのにね」

まじめな議論の最中にこのツッコミを入れていたら、空気が読めていなくて微妙な雰囲気になっていたでしょう。松本さんはおそらく、早い段階でこのツッコミを思いついています。空気を読みながら言えるタイミングを計《はか》り、堅いテーマが終わろうとする瞬間にできた空気の変化を見逃さずにツッコみました。このツッコミで緊張が一気に緩和され、揶《や》揄《ゆ》されたその出演者も含めて大爆笑だったのです。

ポイントは、空気が変わった「瞬間」にツッコんだことです。次のテーマに移行してから、「ところで、さっきの○○さんの――」とツッコんでも、空気が緊張していないのでウケは弱いでしょう。緊張との境界線ぎりぎりのところでツッコむからこそ、緩和した時の落差が大きくなって、爆発的にウケるのです。

たとえば、仕事の打ち合わせが白熱した議論になったとします。その議論が終わった直後に、上司が「まぁ今日はすこし強く言いすぎたけど、悪気はないし、みんな許してくれよ」と軽い感じで告げてきたら、その時が空気が変わった瞬間です。議論の最中ではなく、そのタイミングで、言いたかったツッコミを放ちます。「部長。熱くなられてたのか、口からいっぱい唾《つば》が出てましたよ。正直、隣に座る私の顔にかかって大変だったんですよ」とツッコめば、緊張が緩和されて大きくウケるわけです。

お酒の席で、上司がいい話をしている時にチャックが開いていることに気づいても、ツッコまずに最後まで話を聞いてください。その話が終わったあとに、上司が「ちょっと熱くなりすぎたか」と言ったり、デザートを頼んだりと、空気が変わる瞬間が必ずあります。その瞬間を見逃さずに、「無茶苦茶いい話で感動したんですけど、どうしても気になったんで言わせてください。これほどいい話をされてるのに、チャック開いてるんですよ、部長」とツッコんで笑いを取ってください。

緊張と緩和の効果で、劇的なまでにおもしろく聞こえるので、多少失礼なツッコミでも、相手は許してくれることが多いのです。

もちろん、空気を読み違えれば大惨事ですから、これほどハイリスクハイリターンなツッコミはありません。しかし、ツッコミを究《きわ》めようとすれば、これは避けて通れません。

この奥義に代表されるように、ツッコミとは非常に奥の深いものです。本書では、ツッコミの理屈はすべて説明しました。あとは、実践あるのみです。ご紹介してきたことを念頭に置いて経験を積み、ツッコミの達人になると共に人間観察の達人になってください。

切りとり線

★読者のみなさまにお願い

この本をお読みになって、どんな感想をお持ちでしょうか。祥伝社のホームページから書評をお送りいただけたら、ありがたく存じます。今後の企画の参考にさせていただきます。また、次ページの原稿用紙を切り取り、左記まで郵送していただいても結構です。

お寄せいただいた書評は、ご了解のうえ新聞・雑誌などを通じて紹介させていただくこともあります。採用の場合は、特製図書カードを差しあげます。

なお、ご記入いただいたお名前、ご住所、ご連絡先等は、書評紹介の事前了解、謝礼のお届け以外の目的で利用することはありません。また、それらの情報を6カ月を越えて保管することもありません。

〒101-8701（お手紙は郵便番号だけで届きます）
祥伝社　新書編集部
電話03（3265）2310
祥伝社ブックレビュー　www.shodensha.co.jp/bookreview

★本書の購買動機（媒体名、あるいは○をつけてください）

＿＿＿＿新聞の広告を見て	＿＿＿＿誌の広告を見て	＿＿＿＿の書評を見て	＿＿＿＿の Web を見て	書店で見かけて	知人のすすめで

★100字書評……最強のコミュニケーション　ツッコミ術

名前

住所

年齢

職業

村瀬 健　むらせ・たけし

放送作家・漫才作家。1978年、兵庫県生まれ。関西大学法学部卒業後、作家活動を開始。テレビ番組「爆笑レッドカーペット」「キングオブコント」「ヨシモト∞」などの構成・ブレーンに放送作家として参加。漫才作家としては、ティーアップ(2008年、上方漫才大賞・大賞受賞)などに漫才台本を提供。指導した芸人は2000組を超える。専門学校・放送芸術学院の講師も務める。著書に『一瞬で一生！人を引きつける話し方』『楽しく生き抜くための笑いの仕事術』がある。

最強《さいきょう》のコミュニケーション ツッコミ術《じゅつ》

村瀬《むらせ》 健《たけし》

2015年2月10日　初版第1刷発行
2024年9月10日　　　第6刷発行

発行者……………………辻 浩明
発行所……………………祥伝社《しょうでんしゃ》
〒101-8701　東京都千代田区神田神保町3-3
電話　03(3265)2081(販売)
電話　03(3265)2310(編集)
電話　03(3265)3622(製作)
ホームページ　www.shodensha.co.jp

装丁者……………………盛川和洋
印刷所……………………萩原印刷
製本所……………………ナショナル製本

Printed in Japan　ISBN978-4-396-11400-8　C0233

〈祥伝社新書〉
歴史に学ぶ

366
はじめて読む人のローマ史1200年
建国から西ローマ帝国の滅亡まで、この1冊でわかる！
東京大学名誉教授 本村凌二

168
ドイツ参謀本部 その栄光と終焉
組織とリーダーを考える名著。「史上最強」の組織はいかにして作られ、消滅したか
上智大学名誉教授 渡部昇一

379
国家の盛衰 3000年の歴史に学ぶ
覇権国家の興隆と衰退から、国家が生き残るための教訓を導き出す
渡部昇一 本村凌二

527
壬申の乱と関ヶ原の戦い なぜ同じ場所で戦われたのか
「久しぶりに面白い歴史書を読んだ」磯田道史氏激賞
東京大学史料編纂所教授 本郷和人

565
乱と変の日本史
観応の擾乱、応仁の乱、本能寺の変……この国における「勝者の条件」を探る
本郷和人

〈祥伝社新書〉
「能力」を磨く

409
ビジネススクールでは教えてくれないドラッカー
アメリカ式経営では「正しく」失敗する。今の日本に必要なのはドラッカーだ！
慶應義塾大学名誉教授
菊澤研宗

661
文系でもわかるAI時代の数学
読むだけで、「統計」「微分積分」「線形代数」「トポロジー」が身につく
永野数学塾塾長
永野裕之

557
自分マーケティング
一点突破で「その他大勢」から抜け出す
1％の天才を除く99％の凡人が生き残るための戦略を、豊富な事例と共に披露
コピーライター
川上徹也

648
ビジネスは顔が9割
武器としての相貌心理学
適性、適職、相性、信用は顔を見ればわかる！
相貌心理学教授
佐藤ブゾン貴子

531
禁断の説得術 応酬話法
「ノー」と言わせないテクニック
トップセールスマン、AVの帝王、借金50億円の完済、すべてこの話法のおかげです
AV監督
村西とおる

〈祥伝社新書〉
令和・日本を読み解く

683
闇バイト　凶悪化する若者のリアル
犯罪社会学の専門家が当事者を取材。身近に潜む脅威を明らかにする
犯罪社会学者　廣末　登

622
老後レス社会　死ぬまで働かないと生活できない時代
「一億総活躍」の過酷な現実と悲惨な未来を描出する
朝日新聞特別取材班

676
どうする財源　貨幣論で読み解く税と財政の仕組み
「日本は財政破綻しませんし、増税の必要もありません。なぜなら——」
評論家　中野剛志

666
スタグフレーション　生活を直撃する経済危機
賃金が上がらず、物価だけが上昇するなか、いかにして生活を守るか
経済評論家　加谷珪一

652
2030年の東京
『未来の年表』著者と『空き家問題』著者が徹底対談。近未来を可視化する
作家、ジャーナリスト　河合雅司
不動産プロデューサー　牧野知弘